千年學府文庫

先資本主義的社會經濟形態論

李達 編著
陳峰 整理

湖南大學出版社·長沙

圖書在版編目（CIP）數據

先資本主義的社會經濟形態論 / 李達編著；陳峰整理. -- 長沙 ：湖南大學出版社，2024.12.--（千年學府文庫）. -- ISBN 978-7-5667-3917-9

Ⅰ. F03

中國國家版本館CIP數據核字第20245HD671號

先資本主義的社會經濟形態論

XIAN ZIBEN ZHUYI DE SHEHUI JINGJI XINGTAI LUN

編　著：李　達

整　理：陳　峰

責任編輯：王桂貞

印　裝：長沙超峰印刷有限公司

開　本：787 mm × 1092 mm　1/16　　**印　張**：13.5　　**字　數**：124千字

版　次：2024年12月第1版　　**印　次**：2024年12月第1次印刷

書　號：ISBN 978-7-5667-3917-9

定　價：88.00圓

出 版 人：李文邦

出版發行：湖南大學出版社

社　址：湖南・長沙・岳麓山　　**郵　編**：410082

電　話：0731-88822559（營銷部），88821594（編輯室），88821006（出版部）

傳　真：0731-88822264（總編室）

網　址：http://press.hnu.edu.cn

電子郵箱：wanguia@126.com

『千年學府文庫』編輯出版領導小組

組　長：鄧　衛　段獻忠

成　員：曹升元　李樹濤　蔣健暉

汪衛斌　孙　煒　李肯立

唐珍名　陳仁朋　姜　潮

出版説明

湖南大學歷史上承嶽麓书院，書院肇建於公元九七六年，爲我國古代四大書院之一，歷經宋、元、明、清，朝代更迭，學脉綿延，弦歌不絶。一九〇三年，書院改制爲湖南高等學堂。清末民初，學制迭經變遷，黌宫數度更易。一九二六年定名爲湖南大學，一九三七年改歸國立。一九五三年全國高校院系調整，學校更名爲中南土木建築學院，一九五九年恢復湖南大學校名。享有千年學府之盛譽，承載着我國教育的發展歷程和厚重的文化積澱，是中國教育史、學術史、思想史、文化史的一個縮影。

惟楚有材，於斯爲盛。從嶽麓書院到湖南大學，一批批學者先賢在此教書育人、著書立説，人才之盛，達成之功，史有明徵，班班可考。爲表彰前賢之述作，昭示後生以軌節，開啓學海津梁，溝通中西文明，弘揚大學之道，傳承中華文化，值此嶽麓書院創建一千零四十周年暨湖南大學定名九十周年華誕之際，中共湖南大學委員會、湖南大學决定編纂出版《千年學府文庫》。兹謹述編纂原則如次：

一、以『成就人才，傳道濟民』爲主綫，以全面呈現千年學府發展歷程、辦學模式、師生成就、學術貢獻爲目標，收録反映千年學府學制變遷與文化傳承的學術著述。

二、選録人物係湖南大學及前嶽麓書院、時務學堂、湖南高等學堂、高等實業學堂、優級師範學堂、高等師範學校、公立工業專門學校、法政專門學校、商業專門學校、國立商學院、國立師範學院、省立克强學院、私立民國大學、省立音樂專科學校、中南土木建築學院、湖南工學院、湖南財經學院之卓有成效并具有重要影響之師生員工。已刊者選印，未刻者徵求，切忌貪多，惟期有用。

三、收録文獻，上起九七六年，下訖一九七六年，既合千年之數，更以人事皆需論定。
四、收録文獻，以學術著述、校史文獻、詩文日記爲主，旁及其他，力求精當，不務恢張。
五、收録文獻，有原刻者求原刻影印，無原刻者求善本精印，無善本者由本校校印。排版形式根據著述年代而定，古代著作采用繁體竪排；一九一九年至中華人民共和國成立前，原則上簡體横排，根據版本情況，亦可用繁體竪排，規範標點；中華人民共和國成立後的著作，用簡體横排。
六、文獻整理，只根據底本與參校本、參校資料等進行校勘標點，對底本文字之訛、奪、衍、倒作正、補、删、乙，有需要説明的問題，則作出校記，一般不作注釋。
七、收録文獻，均由整理者撰寫前言一篇，簡述作者生平、是書主旨、學術價值、版本源流及所用底本等。
八、《千年學府文庫》圖書，尚待徵求選定，徵求所得，擬隨時付印，故暫無總目。
《千年學府文庫》卷帙浩繁，上下千載，疏漏缺失，在所難免，尚祈社會各界批評指正。

《千年學府文庫》編輯出版委員會謹識

二〇一六年十月

前言

李達（一八九〇至一九六六），名庭芳，字永錫，號鶴鳴，湖南零陵人。一九〇五年，入零陵蘋洲中學；一九〇九年，考入京師優級師範學堂；一九一三年，考取湖南留日官費生。在日本留學期間，李達受到俄國十月革命的影響，弃理從文，開始刻苦鑽研馬克思列寧主義著作。一九一八年五月，段祺瑞政府與日本政府秘密簽訂喪權辱國的《中日共同防敵軍事協定》後，李達作爲中華留日學生救國團的主要成員回到北京，與愛國學生一起舉行反日遊行示威活動。一九一九年五四運動後，李達致力於研究、宣傳馬克思主義。一九二〇年，李達回國，與陳獨秀、陳望道等人建立了上海共産主義小組，創辦秘密機關刊物《共産黨》（月刊）并擔任主編，籌備中國共産黨第一次全國代表大會。在一九二一年七月召開的中國共産黨第一次全國代表大會上，李達當選爲中央局宣傳部主任，成爲中國共産黨的主要創始人與早期領導人之一。同年九月，李達創辦中國共産黨第一個出版機構——人民出版社，出版馬克思列寧主義著作與革命叢書。

一九二二年，李達應毛澤東之邀回湘出任湖南自修大學校長，後該校遭軍閥趙恒惕强令關閉，李達便先後在湖南公立法政專門學校（湖南大學前身之一）、省立湖南大學任教。一九二六年至一九二七年初，李達先後任國民革命軍中央軍事政治學校代理政治總教官、國民革命軍總司令部政治部編審委員會主席及武漢圖書館館長。一九二七年至一九四一年，他先後在武昌中山大學、上海法政學院、上海暨南大學、北平大學、中國大學、朝陽大學、廣西大學、廣東中山大學等地任教。一九四一年，國民政府教育部勒令廣東中山大學解聘李達，無奈之下，李達返回故鄉零陵。一九四七年二月，在湖南黨組織協助下，湖南大學法學院院長李祖蔭聘請李達爲法學院教授。對於李達這次重返湖南大學任教，當時的進步學生留下了一段珍貴的采訪記録，載於《湖大學生》（旬刊）。記録如下：

當離開麓山二十多年的李達教授，重回本校的時候，同學們的心掀起了無窮的愉快的浪花。一致的希望：李達教授的回到湖大，將帶給我們更寶貴的知識作開發知識寶庫的正確的鑰匙！在人類正發現自己的知識大貧乏的現時代，對於怎樣去獲得更豐富而更正確的知識，可以説已是大家一致的要求。

『我對李（祖蔭）院長説過，我現在是采的三不主義：不説話，不寫稿，不發表。』『寫文章，是要負責任的，寫得很平坦吧，那不是學者應有的事；寫得更有内容吧，又可能引起人家的不痛快。事實上，我們説話寫文章，總得説良心話，白的就是白的，黑的就是黑的，要我説白的是黑的、黑的是白的，却千萬不可。與其説違背良心的話，倒是要我不説出良心的話可以，這就是我采三不主義的簡單理由！』①

由此可見，作爲在國民黨統治區長期宣傳馬克思主義學説的理論戰士，李達因著述宏富、理論前沿、思想深邃而在師生中享有盛譽。而李達向記者所闡述的『三不主義』，是對有關當局思想禁錮、言論壓制的抗議。

① 影農：《李達教授訪問記》，《湖大學生》（旬刊）第2號，1947年3月23日

事實上，在國共内戰逐步白熱化的一九四七年至一九四八年，李達仍能毅然決然衝破重重封鎖，以傳播馬克思主義科學真理爲職志。呈現在讀者面前的這本《先資本主義的社會經濟形態論》便是在此背景下出版的。

早在一九三五年，李達在任教於北平大學法商學院時曾撰寫教材《經濟學大綱》。後因全面抗戰爆發，《經濟學大綱》在當時未能公開出版。直至一九四八年一月，生活書店才將《經濟學大綱》的緒論及第一部分以『先資本主義的社會經濟形態論』的書名公開出版。該書前還載有生活書店編輯部的『説明』，像是李達向讀者的告白、向執政當局的控訴，其文稱：『本書爲著者《經濟學大綱》的第一分册，但因全書并未完稿，一時恐也不可能完稿，先將這一分册單獨出版。』[①]而作爲《經濟學大綱》的緒論與第一部分，此書的理論基礎、學説原理、研究方法、現實關懷等精華已凝結於此。

《先資本主義的社會經濟形態論》分爲『緒論』與『本論』兩個部分，其中『緒論』部分主要探討經濟學的對象及範圍，立足馬克思主義政治經濟學原理来探討生産力與生産關係的辯證統一關係，闡明研究歷史上各種經濟形態的特殊性與共通性，并對中國現代經濟研究的必要性予以重點强調。李達提綱挈領地指出，經濟學的研究對象是社會構成過程中的生産關係的總體，即社會的經濟構造。作爲研究社會生産、分配、交换和消費等經濟活動的科學，經濟學的目的在於揭示經濟運動的客觀規律，研究生産關係如何適應生産力的發展階段，爲人們的經濟實踐提供理論指導。生産力與生産關係的變化發展形塑了社會形態的歷史變遷，并由此産生了五種不同的生産關係體系（或言經濟構造形態），即原始社會的經濟形態、古代社會的經濟形態、封建社會的經

① 李達：《先資本主義的社會經濟形態論》卷首，生活書店，1948年。

濟形態、資本主義的經濟形態、社會主義的經濟形態。因此，在五種經濟形態演進的歷史視域中考察中國經濟的過去及現狀，便成爲經濟學研究的核心問題。進而言之，經濟學的研究絶非只在象牙塔内閉門造車，而是要服務於中國革命的時代主題并加以運用、轉化。李達特别指出，近代中國的經濟，既非原始的、奴隸制的經濟，也非單純的封建的或資本主義的經濟，而是停滯在由封建經濟過渡到資本主義經濟且帶上深刻的國際帝國主義殖民色彩的特殊經濟形態。這便是將馬克思主義基本原理與中國具體實際相結合進行理論創獲與闡發的典範。

在《先資本主義的社會經濟形態論》的『本論』部分，李達依次討論了原始社會、奴隸制、封建的經濟形態。在論述原始社會的經濟形態時，李達特别注重吸收當時地質學、古生物學、考古學、人類學、民族學的最新研究成果，并遵循摩爾根《古代社會》、恩格斯《家庭、私有制和國家的起源》所體現的基本原理，指出原始社會的三個基本特質，即適應於低級水準生産力的集團生産、生産手段的共有、原始共産主義的分配方式等。這一精闢的總結，至今仍可與考古學、人類學、民族學的最新成果相互印證。在論述奴隸制的章節中，李達除了關注到希臘、羅馬奴隸制的共同本質與具體表現，更將視野投注在當時出土不久的殷墟甲骨文上，李達認爲殷代的生産事業同樣以奴隸勞動爲主，而出土文獻甲骨文與傳世文獻《周易》卦爻辭等所載，如奴、僕、役、臣、妾、奚、豎、婐、姘、俘、小人、僮等，均屬奴隸階級。至於奴隸所有者，大都爲貴族、工商業者。奴隸勞動的領域包括農業、手工業、畜牧業等，也有爲貴族服役、學習歌舞、參加戰争的，甚至有奴隸被用作祭祀的犧牲。①限於篇幅與體例，李達這些見解在書中并未詳細展開。但是他對殷商奴隸階級的勞動形式、勞

---

① 李達：《先資本主義的社會經濟形態論》卷首，生活書店，1948年，第98頁。

動手段、勞動性質的準確把握，在平實的叙述中回應了盛行於當時學界的種種謬論（尤其是認爲中國没有經過奴隸社會的觀點），與當時先進的共産黨人、左翼知識分子一道開啓以馬克思主義基本原理解釋中國古史的先河。在論述封建制的社會經濟形態時，李達對封建經濟的形成及其一般特徵作出了概述，認爲在封建制度下，一切土地，幾乎被封建領主占領，形成大土地所有；直接生産的農民，在人格上隸屬於封建領主；地主的人物，最大的是國王，以下依次是公、侯、伯、子、男、卿、大夫等，等級非常複雜。這一概述不僅適用於歐洲的封建制度，也可準確地反映中國封建制度下農民階級所遭受的經濟剥削與超經濟强制。同時，李達將從周代至鴉片戰争時期的中國封建社會史分爲兩個階段，認爲西周、東周是典型的封建經濟時期，由秦漢迄於鴉片戰争时期是變相的封建經濟時期。李達所呈現的理據是，秦漢至鴉片戰争期間的土地關係，是土地的封建領有與土地私有制并存，其間具體制度雖有變化，如晉之限田制、魏唐宋之均田制、元之屯田制、明清之官田與民田等，租税制度亦因時損益，然其根本的生産關係與封建制的生産關係是没有差别的，故謂之變相的封建社會。這也是我國馬克思主義理論者較早運用馬克思主義基本原理進行歷史分期的嘗試。

以上所舉，只是《先資本主義的社會經濟形態論》在理論創獲上的吉光片羽。李達通過揭示先資本主義的社會經濟形態的特點和演變規律，論述資本主義經濟形態走上和退出歷史舞臺的歷史必然性，從而導出社會主義必然替代資本主義的客觀規律。這是對科學社會主義原理的如實宣傳，更是引領先進知識分子投身共産主義革命的戰鬥號角。李達於此基礎上撰成的《經濟學大綱》，是中國人自己寫的第一本馬克思主義政治經濟學教科書與專著，此書的出版，標志著馬克思主義政治經濟學在中國開始了系統與廣泛傳播的歷史進程，它不僅爲中國的馬克思主義者提供了學習與研究馬克思主義政治經濟學的重要材料，同時爲當時的經濟學界注入了新的思想與方法論。如果從更爲宏觀的視角來看，在二十世紀馬克思主義中國化的時代浪潮中，李達的《經濟學大綱》無疑是馬克思主義政治經濟學中國化的標志性理論成果之一。它將馬克思主義的基本原理與中國實踐、中國歷史、中國文化相結合，構建了具有中國特色的馬克思主義政治經濟學體系，使馬克思主義政治經濟學在中國實現了民族化和具體化。這一重要理論成果，不僅豐富與發展了馬克思主義政治經濟學，更成爲馬克思主義基本原理同中國具體實際、同中華優秀傳統文化相結合的重要典範。

本次整理以一九四八年生活書店《先資本主義的社會經濟形態論》爲底本，以人民出版社《李達文集》、武漢大學出版社《經濟學大綱》、湖南教育出版社《經濟學大綱》、人民出版社《李達全集》等相關版本作對校，并就原版中的模糊處加以補訂。因整理者水平有限，校補文獻不免訛誤缺憾之處，敬希讀者批評指正。

陳峰

二〇二四年七月十七日

目次

緒論

一 經濟學的對象

經濟學的對象是什麼

我們着手研究經濟學，先要把經濟學的對象作一個大概的規定。

一種科學，是與別種科學有區別的。各種科學所以互相區別，都由于牠們的研究客體即對象各不相同。各種科學，都各自研究一定種類的對象，研究現實世界的特定一方面。所以科學的對象的規定，在開始研究那種科學時，是一件很重要的工作。因爲，第一、我們如不把所要研究的科學的對象加以規定，就不能確定這一科學與別種科學的差別，當進行研究之時，就會不知不覺侵入別種科學研究的領域，陷入于反科學的混亂。第二、科學的方法，與牠的對象有密切關係。方法是客觀的東西，牠反映現實，反映現實本身中所固有的根本特徵。因而研究一切現象的一般的科學的方法、在各種具體的對象中應用起來，就反映出這對象的特徵。所以科學的對象如不規定，就不能正確的應用科學的方法，去發現對象的規律性。以上兩點，是我們所以先要規定經濟學的對象的理由。

然則經濟學的對象是什麽？

我們知道，經濟學是社會科學的一種。社會科學，是以各種社會關係爲對象的。社會關係，即是在社會中形成的人與人的關係。這種關係，具有重大的意義，人人都能知道。人是社會的動物，人如果離開社會就不能存在，這也是人們所知道的。但是人類的社會關係，非常複雜，有依據物質生活而結成的關係，有依據階級或政黨而結成的關係，有依據財產權而結成的關係，有依據信仰、學術等而結成的關係，還有其他種種的關係。經濟學究竟研究那一個種類的關係呢？要答覆這個問題，還得要根據科學的社會學的結論。說明社會構造內部各部分的關聯，藉以指出經濟學的對象在社會構造中所占的位置。

依據科學的社會學的指示，社會分爲基礎與上層建築兩部分。社會的基礎，是生產關係的總體，是社會的經濟構造；社會的上層建築，是法律的政治的上層建築與意識形態。法律的政治的上層建築，立脚于經濟構造之上，而意識形態又與經濟構造相適應。因而社會形態，就是處于特定生產關係總體、以及由牠所生的特定政治的法律的上層建築與意識形態之下的社會。並且這個社會，是一定歷史發展階段上的社會，是有其特殊的固有的質的社會。

這樣看來，人類的社會關係，包含着生產關係、政治的法律的關係、與意識形態的關係等部門。這些部門的社會關係，成爲各種社會科學的對象。意識形態的關係，是哲學、文學、藝術等科學所研究的對象，政治的法律的關係，是政治學法律學兩部門所研究的對象，而生產關係即經濟構造，是經濟學所研究的對象。

于是我們知道，經濟學的對象，是社會構成過程中的生產關係的總體，即社會的經濟構造。特定的經濟構造，是特定社會的基礎，因而研究經濟構造的經濟學，是其他各種社會科學的基礎。

勞動力與生產手段

經濟構造究竟是什麼？現在來加以說明。

人類社會爲要繼續存在，第一件根本事情，是取得物質生活資料。要取得物質生活資料，人類首先要到外部自然界去採取並變造外部的自然物。這種到自然界去採取並變造自然的存在物的行爲，就是勞動。勞動是人類求生存的第一個前提。「不要說一年，就是幾個星期如果停止了勞動，任何國民也都要死滅，這是小孩們也都知道的事情」。

勞動是人類與自然之間的物質交換的過程。勞動過程，有三個要素。第一個要素是勞動力。勞動卽是勞動力使用的狀態。勞動力是寄存于人類身體中的種種能力的總和，當人類變造自然物爲有用物時，就把牠使用出來。所以勞動力由勞動的人所代表，他的勞動，是有意識有目的的勞動，卽是把所採取的自然物實行加工以供消費之用的勞動。人類社會爲要取得物質生活資料，首先就要有這樣的勞動。

但是單只有了勞動力，還不能向自然界取得物質生活資料。人們勞動時，決不能用一雙空手去與自然鬥爭。他在這種鬥爭中，不能不使用人工的器具卽勞動手段，把自己武裝起來。這勞動手段，是勞動過程的第二個要素。

勞動手段，是介于勞動者與勞動對象之間，傳達人的活動于其對象的一物或諸物的複合體。人們利用勞動手段的機械的物理的化學的性質，改變別種物體的形狀，使適合于自己的目的。

人類社會的勞動手段，是就自然物加以變造而成的。只有原始人，使用自然界所供給的現成的東西（如石子、樹枝等）去勞動。至于現代人，却用自己手造的機器去工作。人類用人工的器具向自然界鬥爭，不僅使自己適應于自然，並且積極的使自然適應于自己。他征服自然力、變造自然力，同時又改變了自己的性質，改變了他與自然鬥爭的方法。因而勞動手段，也從原始的石製器具進化到現在複雜的機器了。

有了勞動力與勞動手段之後，還必須有勞動對象，纔能造出物質資料。這勞動對象，是勞動過程的第三要素。

勞動對象，是勞動過程中所能加工的一切對象。勞動對象，可分爲天然存在的與人工的兩種。例如人們可以從水中取出的魚，可以從原始森林中採伐的木材，可以從鑛脈分割出來的鑛石等，叫做天然存在的勞動對象。至于天然存在的勞動對象，經過人類的一番加工之後，就成爲人工的勞動對象，又叫做原料，例如已經從鑛脈分割出來而要加以洗滌的鑛石即是。所以一切原料都是勞動對象，而一切勞動對象却不一定都是原料。勞動對象，只在牠已經發生由勞動所媒介的變化時，纔是原料。隨着勞動手段的發展與改良，生產過程中所能加工的勞動對象，也因而發生變化。

勞動力、勞動手段、與勞動對象，是勞動過程中決不可缺的要素。人類社會如要與自然相鬥爭，這三個要素必須互相結合起來，纔能發生生產的活動。即是說，人類只有使用勞動力結合勞動手段與勞動對象之時，纔能開始生產過程，纔能取得滿足慾望的必要生產物。

在生產過程中，勞動力出現爲生產的勞動力，勞動手段與勞動對象兩者出現爲生產手段。

生產力與生產關係

當勞動力、勞動手段、與勞動對象結合爲一，而參加于社會對自然的鬥爭時，就造出特定社會中的生產力。所以在生產過程中，勞動力、勞動手段、與勞動對象，成爲生產力的三個要素。這三個要素，不能互相分離而存在，牠們如果各自分離的散亂的存在着，就不是生產力的要素，這是要注意的。實際上，勞動對象，如果不爲活動狀態中的勞動力所左右，牠不是現實的勞動對象，因而也不是生產力的要素。同樣，勞動手段，如果脫離生產過程，也不是現實的東西，因而也不是生產力的要素。至于勞動力，也必須常與勞動手段及勞動對象相結合。勞動力如果與勞動手段及勞動對象相分離，牠就不是生產的東西，不能發揮生產力。例如現代的失業的勞動者，雖有勞動力，却不能進到工場去操縱機器，變造原料，他仍然什麽也不能生產。並且，勞動力本身的發展程度，也還要由生產手段（勞動手段與勞動對象）的發展程度所規定。

所以特定社會的生產力，是人類利用勞動力去結合勞動手段與勞動對象之時所發揮出來的製造物質生活資料的能力。這三個要素，只有在生產過程中統一的、能動的結合起來，纔是生產力，因而生產力並不是這三個要素的機械和總和。換句話說，生產力只有在其運動中，在生產過程中，纔是現實的。

但生產常是社會的人類的生產。人們爲要把一切生產要素結合爲一而開始發揮其機能，人類就不僅與自然發生關係，他們相互間也不能不發生關係。人們如不互相聯結，生產不會發生。人們「爲要生產，必須結成一定的關係，只有在這種社會關係之內，他們纔能作用于自然，纔能生產」。人們在生產過程中發生的種種關係，叫做生產諸關係。

生產諸關係，含有許多種類。因爲現實的生產過程，是綜合的生產過程。這綜合的生產過程，包含着生產過程、分配過程、交換過程及消費過程四個方面。這四種過程，在綜合的生產過程中，形成爲不可分離的統一。因而人們在綜合的生產過程中結成的生產諸關係，包含着生產關係、分配關係、交換關係及消費關係。這四種關係在綜合的生產過程中，也是不可分離的統一着。

所以我們所說的生產關係，不單是指着本來意義上的生產關係，並且還包含着分配、交換及消費等的關係。爲什麽把分配、交換及消費等的關係，也包含于生產關係之中呢？這是因爲生產是一個綜合的過程，而生產、分配、交換及消費，是這綜合過程中各個成分，「構成一個統一體中的各種差別」。生產之與分配、交換及消費，都有密切的相互作用，但四者之中演着主導作用而能統制其他諸要素的活動的東西，只是生產，所以我們把這四大類的關係，總稱爲生產關係。

生產力與生產關係的統一＝經濟構造

簡括的說來，生產關係，是在社會的生產總過程中發生的人們相互間的關係，即在生產、分配、交換及消費的過程中發生的人們相互間的關係。

生產力是什麽？生產關係是什麽？上面已經簡單的說過了。現在我們更進一步去說明兩者的關聯。

生產力與生產關係，形成爲對立的統一。這個統一，是內容與形式的統一•生產力是生產關係的內容，生產關係是生產力的運動及作用的形式。如上面所說，勞動力與生產手段（即勞動手段與勞動對象），要進到生產過程中，在人們的一定聯繫（即生產關係）上結合爲一，纔能成爲社會的生產力；而生產過程中人們相互間的關係，必須適應于生產力的一定發展階段，纔能成立。關于這一點，還得稍微說明幾句。

如上所述，生產力是勞動力與生產手段結合爲一而發揮的能力。勞動力是屬於人類（即勞動者）的東西，生產手段也是屬于人類的東西。因而勞動力與生產手段的結合，即是勞動力所有者與生產手段所有者的結合。人的勞動力與人的生產手段相結合，就發揮出生產力；勞動力所有者與生產手段所有者相結合，就形成生產關係。這樣看來，這兩種結合實是一種結合的兩個方面，前一方面是內容，後一方面是形式，而內容與形式，形成爲對立的統一。

勞動力與生產手段相結合的方法，叫做生產方法。這種生產方法，是與生產力的發展階段相適應的。而人類的生產關係，又與一定的生產方法相適應。

人類在生產過程中，不斷的生產出進步的生產手段，不斷發展自己的勞動力，因而促進生產力不斷的發展。隨着生產力不斷的發展，而結合勞動力與生產手段的生產方法，也隨着改變。生產方法改變了，生產關係也適應于牠而改變。所以生產關係本身，常隨着生產力的發展而改變。形式中產生出新的內容時，這個形式就適應於新內容而改變爲新形式。換句話說，生產關係，是適應于生產力的發展而發展而改變的。

在說到生產關係適應于生產力的發展而發展之時，我們就不能不說到生產關係與財產關係的關聯了。如上所述，勞動力與生產手段的結合，一方面是人的結合，一方面是人的所有物的結合。這兩種結合，是在社會之中實現的。於是適應于生產力的生產關係，不但具有物質性，並且具有社會性與歷史性。在原始社會時代，生產手段屬於社會公有，勞動力的所有者與生產手段的所有者是一致的，因而人與人之間的生產關係，絕不含有敵對性或階級性。但是進到奴隸制社會之中，生產手段歸奴隸的主人所有，奴隸只是一個勞動力，這時的生產關係，是主人剝削奴隸的關係。再進到封建時代，主要的生產手段即土地，歸領主所有，農民只有勞動力，不能不做領主的農奴，爲領主耕種土地，這時的生產關係，是領主剝削農奴的關係。其次，進到現代即資本主義時代，生產手段歸資本家所獨占，勞動者失去生產手段，只剩有勞動力，不能不出賣勞動力於資本家，爲資本家生產剩餘價值，這時的生產關係，是資本主義的生產關係。將來，生產力發展的結果，社會主義的生產關係，又起而代替資本主義的生產關係了。這便是生產關係的社會性與歷史性。

生產力與生產關係的統一，即適應于生產力的各種發展階段的生產關係之總體，就是社會的經濟構造。

社會的經濟構造之歷史的形態

如上所述，社會的經濟構造，是生產力與生產關係之對立的統一。在這個統一中，生產力對於生產關係，具有優越性，生產關係對於生產力，具有積極性。

所謂生產力的優越性，即是說，生產力是生產關係的內容，而生產關係適應於生產力而形成。因爲生產力是生產關係的內容，生產關係這種形式，就必須適合於牠的內容，內容如果發展了，變化了，形式必然的要隨着發展和變化。正因爲生產關係適應於生產力而形成，當生產力發展到一定程度之時，人們就不能不接受這已發展的新生產力而變革他們的生產關係。換句話說，生產力不斷的向前發展，必然要衝破牠的形式，衝破舊有的生產關係。這是生產力的優越性。

但生產關係決不是受動的東西。生產力對於生產關係雖然占居優位，而生產關係對於生產力却是本質的東西，對於生產力具有能動的積極的作用。生產關係的這種積極性，存在于牠與生產力的矛盾之中。生產關係在一定時期，能促進生產力之發展，譬如當新的生產關係（例如代替封建的生產關係而起的資本主義的生產關係）成立時，新的財產關係代表人就利用一切可能的手段，努力的發展生產力。但在另一時期，這種曾經助長生產力發展的生產關係，卻障礙生產力的發展，譬如以資本主義生產關係爲有利的階級，因爲要維持從來的財產關係，就不惜利用一切權力，障礙生產力的發展。不過生產關係的這種積極性也有一定限度，因爲對於現存生產關係感到生存威脅的階級，結局要推翻這種生產關係，使生產力向前發展。

生產力與生產關係的矛盾，發展到成爲拮抗即敵對狀態時，社會的經濟構造，就發生質的轉變。這是社會的經濟構造所以發展的原因。

因爲經濟構造是生產關係與生產力的統一，所以以經濟構造爲對象的經濟學，不但研究生產關係，並且研究生產力發展的社會形式；牠指出生產力與生產關係的矛盾，曝露特定經濟構造由於這個矛盾而發生發展，以及由一種形態轉變到別種高級形態的法則。

二　經濟學的範圍

經濟學是研究社會的經濟構造、即適應于生產力的發展階段的生產關係的發展法則的科學，這在上面已經說明了。但是生產關係，在牠與生產力的矛盾的統一中，是不斷的變化、發展的，即是說，特定的生產關係，發展了又消滅，而轉變爲新的生產關係。因而常常存在着的東西，只是歷史上特定的生產關係，牠的形態和特性，是與歷史上特定的生產方法相適應的。

歷史上各種經濟形態的特殊性與共通性

在人類的歷史上，我們看到了五種質不相同的生產方法：即原始社會的生產方法、古代的（奴隸制的）生產方法、封建的生產方法、資本主義的生產方法、以及在蘇俄發展着的社會主義的生產方法。適應于這五種生產方法，出現了五種生產關係的體系，即五種經濟構造的形態：

一、原始社會的經濟形態；

二、古代社會的經濟形態；
三、封建社會的經濟形態；
四、資本主義的經濟形態；
五、社會主義的經濟形態。

歷史上既然出現了五種生產關係的體系即五種社會經濟形態，然則以生產關係或經濟構造爲對象的經濟學，究竟要研究那一個種類的經濟形態呢？牠或者把這五種經濟形態都拿來研究呢？如果經濟學要把這五種經濟形態都拿來研究，牠們的發展法則是相同的呢？或是不相同的呢？或是牠們有一個共通的發展法則呢？這是關於經濟學的範圍的問題，也是關於廣義經濟學與狹義經濟學的區別的問題，同時又是關於科學的經濟學與非科學的經濟學的分界的問題。

歷史上各種經濟構造的形態，以生產力與生產關係之特殊的一定的結合爲特徵，以兩者間的矛盾之特殊的一定的形式爲特徵。因而各種特殊的經濟形態，各有其固有的特殊性，各依從于其特殊的法則而發展。換句話說，各種經濟形態，各有其特殊的發展法則。

歷史上各種經濟構造的形態，當然有一些共通的標幟，共通的規定；但我們如要依靠這些共通的標幟、共通的規定，去認識歷史上的一個現實的經濟形態，却是不可能的。我們能够說資本主義的經濟，和原始時代的經濟，是依從相同的法則而發展的麼？我們能夠說社會主義經濟與資本主義經濟是依從相同的法則而發展的麼？這種見解，只有想把資本主義看做萬古長存的個人主義經濟學者們，纔當作金科玉律去崇奉。實際上，每一種歷史的經濟形態，都有其固有的特殊發展法則。當一個階段上的經濟形態，發展到一定高度而轉變到次一階段之時，就開始受另一種發展法則所支配。各階段上的經濟形態的發展法則所以各不相同的原因，從根本上說來，是由于物質生產力的不斷的發展。因爲人類一旦獲得了新的生產力，生產關係就隨着改變，而支配這新生產力與新生產關係的新發展法則，就代替過去的發展法則而支配新的經濟形態了。所以適合于一定經濟形態的法則，决不能適合于別種經濟形態。即是說，無條件的適合于一切經濟形態而都妥當的發展法則，只是一個抽象，實際上是沒有的。

不但各種經濟形態各有其特殊法則，並且從一種經濟形態到他種經濟形態的轉變法則，也是特殊的東西。例如從原始的經濟形態到古代的經濟形態、從古代的經濟形態到封建的經濟形態、從封建的經濟形態到資本主義的經濟形態、從資本主義經濟形態到社會主義經濟形態的各種轉變的法則，也都是特殊的法則。這些轉變法則的特殊性，根源於各種經濟的特殊發展法則，即根源於各種生產方法的特殊性，即根源于生產力與生產關係的特殊性。例如由資本主義的經濟形態到社會主義的經濟形態的轉變法則，與由封建的經濟形態到資本主義的經濟形態的轉變法則是各不相同的。後者的轉變，是封建形態中孕成了的資本主義的生產力與封建的生產關係相衝突的結果；前者的轉變，是現代社會中發展了的生產力與資本主義的生產關係相衝突的結果。兩者的特殊性，在法國革命與俄國革命中，具體的表現了出來。

如上所述，歷史上的各種經濟形態的發展法則的特殊性，以及順次由一種形態推移到次一形態的轉變法則的特殊性，是科學的經濟學所要集中其注意力的焦點。只有個人主義的經濟學，爲了謳歌資本主義，纔去抹殺各種經濟形態的特殊性，塗抹各種形態的境界，想從一切經濟形態中發見永久不變的資本主義的法則。例如正統派的經濟學者，把原始時代的獵人的弓箭和漁夫的釣竿看成資本，把他們看成資本家，想藉此證明資本這東西是從初民時代即已存在，因而在千萬年以後也是長存的東西。因此他們所視爲萬壽無疆的資本主義經濟的法則，就被當作通用于一切經濟的時代的永久法則了。

廣義經濟學的意義

然則歷史上各種經濟形態中，究竟有沒有共通的一般的法則呢？科學的經濟學認定這種一般的法則，在各種經濟形態中確是存在的。但是這一般的法則，是從各種形態的特殊法則抽象得來的。例如說，生產力與生產關係的矛盾，是社會的生產力的發展的最一般的法則。生產力的這種一般的發展法則，對于各種經濟形態都是共通的東西。各種經濟形態的發生發展和消滅，都受這一般的法則所支配。任何經濟形態，都含有生產力與生產關係的矛盾，牠是這個矛盾的統一，由于這矛盾的發展而發展，而轉變爲新的形態。這便是一切經濟形態的共通的一般的發展法則。但是這一般的法則，在各個特定的經濟形態中，顯現出特殊的姿容，特殊的相貌。我們想要全面的理解一個形態的眞相，必須具體的研究這個形態，把捉其特殊的豐富的內容，樹立一般與特殊的正確關係，纔能發見這一形態的特殊發展法則，纔能把捉住具體的眞理。眞理是具體的，抽象的眞理決不存在。

歷史上各種經濟構造既然是依從於特殊法則而發展，經濟學的任務，就不能研究某種固定了的、現實上不存在的經濟構造，而是要研究歷史上可變的經濟構造，這是很明白的。因此，經濟學的任務，在於曝露各種經濟形態的發生、發展及其轉變的特殊法則。「所以經濟學在其自身的本質上，是歷史科學。牠所處理的東西，是歷史的材料，即不斷變化的材料。經濟學首先研究生產及交換的各個發展階段的特殊法則」。

科學的經濟學，就其範圍來說，可分爲廣義經濟學與狹義經濟學兩種。

廣義經濟學，研究歷史上各種經濟構造的發生、發展、與沒落及其互相轉變的法則，狹義經濟學，單只研究商品＝資本主義經濟學的發生、發展及其沒落的法則。這種狹義經濟學，並不是完全離開廣義經濟學而獨立存在的科學，而是廣義經濟學的構成部分。

我所講授的這部經濟學，是廣義的經濟學。我的研究所以要採取廣義經濟學的立場，不僅是具有純理論的意義，並且還具有實踐的意義。因爲廣義經濟學，並不僅是爲了求得經濟學的知識纔去研究一切經濟構造，而實在是爲了求得社會的實踐的指導原理纔去研究牠們。即是說，我們不是爲理論而理論，爲科學而科學，而是爲了經濟上的實踐纔研究經濟學。

廣義經濟學中最重要的部分，是目前世界中兩種經濟體系——資本主義的與社會主義的——之研究，尤其是資本主義經濟之研究。

資本主義經濟研究的必要

爲什麼說資本主義經濟的研究最爲重要呢？這有下述三點理由：

第一，我們現時在那當中生活着的是資本主義社會，我們是被資本主義社會的發展法則支配着。要從資本主義社會的必然飛躍到未來社會的自由，就必須曝露資本主義社會的發展法則，然後纔能順着這個法則，從事于這個飛躍的實踐。資本主義社會是人類社會經歷了幾千百年的發達過程而完成的最進步的歷史的組織，牠受資本主義的生產方法所支配。若果理解了資本主義社會中所表現的各種社會關係的範疇，理解了這些社會關係的編制，同時可以洞察過去一切已經沒落了的各個社會形態。同時，我們又可以理解大衆所生活着的資本主義社會組織，是歷史的過渡的暫時的東西，決不是永久不變的東西。牠又和牠的成立發展會是必然的一樣，牠的沒落，牠的向高級社會的推移，也是必然的。所以資本主義社會之肯定的理解中。同時又含有牠的否定的必然沒落的理解。這即是資本主義社會的發展法則之理解。

第二，資本主義社會的生產諸力，在歷史上是很進步的東西。適應于現代很進步的生產力而成立的社會關係是很複雜的，因而反映了這很進步的生產力和很複雜的資本主義社會的發展法則，就具備了過去各種社會的發展法則所未有的特殊性。我們必須理解資本主義社會發展法則的特殊性，纔能理解過去各種社會的發展法則（即社會的全面的理解），纔能使那批判資本主義社會的主體獲得在資本主義社會中的集體意識，而從事于從必然到自由的飛躍的實踐。

第三，資本主義社會中直接生產者階級與非生產者階級的對立，隨着社會的存在之往前發展，日趨于普遍而尖銳。這個對立的揚棄，必然就是無階級的人類社會，在這個對立的揚棄過程中，一切階級都要被揚棄，因而資本主義社會也必然被揚棄。而負擔着批判資本主義社會的歷史的使命的主體，必然是在資本主義社會中因其內在的必然而被否定的階級，是必然要否定這個否定的階級，是被逼迫着要否定『自己的否定』的階級。但是他們要揚棄自己，就不能不揚棄自己的生活條件，要揚棄自己的生活條件，就不能不揚棄資本主義社會中一切非人的生活條件，因而揚棄一切階級差別和階級的對立。

所以關於資本主義經濟的發展法則的曝露，在目前實是「人類的最高問題」。

在目前的世界中，與資本主義經濟體系相對立的東西，有社會主義經濟體系。社會主義經濟體系，是在占地球六分之一的地面上成立的。廣義經濟學，在闡明了資本主義經濟的發展法則以後，必須進而研究社會主義經濟的發展法則。

社會主義經濟研究的必要

社會主義經濟與資本主義經濟的對立，在我們面前表現得十分明瞭。我們看到，在資本主義社會中，經濟的總危機，正在表現爲政治的總危機了。社會的階級的矛盾，已經普遍化，尖銳化了。自從前次世界戰爭終結以後，各帝國主義國家，爲了恢復資本主義經濟，曾經盡了最大的努力，截至一九二八年爲止，雖然也得得到暫時的穩定，但到了一九二九年的秋季，籠罩全資本主義世界的世界大恐慌就爆發了。工業、農業、金融等等一切經濟部門，都被捲入恐慌的漩渦中。無數的工廠停工，無數的農場減少生產，無數的銀行和商店都倒閉，無數的工人被解雇被拋棄於街頭。這是從來所未有的大混亂。各帝國主義國家，爲了脫離大恐慌的難關，曾企圖試行種種的手段，想出了種種的計劃，希圖解決生產與消費的矛盾，但結果仍是徒勞。雖然在一九三四——五年，各國因爲廢除金本位、實行通貨膨脹、擴大海陸空軍事工業等等，也曾呈現過暫時恢復的現象，但是距離一九二九年的經濟發展的水準，却是相差很遠，並且曇花一現，那種暫時的恢復也消失了。直到現在，足有七年之久，經濟的破綻，更是有加無已，帝國主義列強除了訴諸第二次世界大戰，把世界從新宰割一番之外，再沒有別的途徑。但這個途徑，却明明是一條死路。

轉眼去看另一個世界——社會主義世界，究竟是怎樣呢？在那里，完全出現了相反的現象。蘇俄自從實行新經濟政策以後，經濟發展的速度很快，社會主義要素逐步的克服資本主義要素。在第一五年計劃實施以後二三年，工業社會化的範圍擴大，農業的集體化已普遍於全境，資本主義要素的富農已被清算，社會主義的基礎工事逐漸完成，直到一九三〇年蘇俄已經進入社會主義時代了。從那時以後，社會主義經濟日益繁榮滋長，第一五年計劃很迅速的在四年之內完成，現在第二五年計劃也快告竣了。在那里，一切工場都在加速度的生產着，工人失業的現象早已絕跡，大衆的生活水準日益增高。這一切現象爲什麼完全與資本主義世界相反呢？要答覆這個問題，我們不能不研究蘇俄社會主義經濟的法則。不但在理論上，並且在實踐上，都得要知道社會主義經濟的法則。只有理解了這種法則，擔負改造經濟形態的使命的人們，纔能得到行動的指導。

但在這里，却發生了一個問題，即社會主義經濟的發展有沒有法則呢？關於這問題，蘇俄的經濟學界。曾經有過很大的論爭。布哈林一派主張社會主義經濟沒有發展法則，因而不需要研究牠的經濟學。他們說，經濟學單只研究商品＝資本主義經濟的發展法則的，「資本主義商品社會的告終，同時是經濟學的告終」。他們以爲在資本主義經濟中，價值法則發生盲目的作用，牠是離人類意識而獨立的，因而人與人的關係採取物與物的關係的形態。所以商品經濟中的生產關係，極其複雜而曖昧，必須有一種經濟學去分析牠的本性，究明牠的法則。至於非商品社會，生產關係不採取物的關係的形態；這種生產關係的構成，是人們的意識作用的結果，極其單純而透明，不需要特別的科學去研究牠。所以對於社會主義經濟（即非商品的經濟）只要有記述科學和應用科學就可以包括牠，此外無須作理論的研究，因爲牠沒有規律性。像這樣主張社會主義經濟沒有規律性的見解，是非常錯誤。這種錯誤，現在已經訂正了。

社會主義經濟是有規律性的。一切的經濟形態，都是生產力與生產關係的對立的統一。生產力與生產關係的矛盾，在任何經濟形態中都存在。這種矛盾採取什麼形態？生產力向着什麼方向，用什麼速度發展？因而生產關係如何適應牠而改變？這些問題，在社會主義經濟中仍是存留着。不過這些法則，在商品社會中，是自然的發生作用，並支配着人類；但在非商品社會中，經濟法則，都是通過人類意志而實現的法則。這在社會主義經濟中，更其是這樣。但經濟法則，雖通過人的意識而實現，而牠的本身仍是客觀的存在着。所謂經濟計劃，就是依據于人們所發見的經濟法則而訂定而實施的。爲要發展計劃經濟，就必須盡可能的去認識經濟法則，所以蘇俄的現在的經濟學界，最注重於社會主義經濟的法則之理論的研究。蘇俄社會主義經濟法則之理解，是後進國家的大衆所不能忽視的。

先資本主義經濟形態研究的必要

廣義經濟學，不單是研究上述兩種經濟體系，並且還要研究先資本主義的諸經濟形態——原始的、古代的及封建的經濟形態。因爲先資本主義的經濟形態的遺物，在現代的全部世界中，到處都是存在着。在現實上，我們看到，世界有許多後進的民族，現在還在原始的、古代的、或封建的經濟形態中生活着。並且，那些先資本主義經濟形態的遺物，在資本主義經濟形態中，還當作一種經濟制度存留着，而錯雜的被編入於資本主義的生產關係之中。甚至在社會主義經濟的初期時代，也還有那些遺物存在。所以爲要全面的理解世界經濟的各種形相，爲要具體的認識資本主義的經濟形態，都不能不研究先資本主義的經濟形態。

爲要詳細的說明這一層，還得要把經濟形態和經濟制度的差異的問題，加以解釋。經濟形態，即是社會的經濟構造，牠由特定的生產方法所規定。我們已經知道，歷史上經濟形態的發展，順次經歷了五個不同的階段。但各種經濟形態，都是繼承先行的經濟形態的積極的結果發展起來的，因而先行的經濟形態的遺物，在一定時間的限度以內，仍在後繼的新經濟形態中當作舊時代的經濟制度殘留着。例如原始經濟的遺物，遺留於奴隸制的經濟形態中；往後奴隸制的遺物又連同原始的遺物一並遺留於封建的經濟形態。到了現代，封建的遺物又連同奴隸制的、原始的遺物而在資本主義經濟形態中遺留着，變成爲各種錯雜的經濟制度，而處於資本制的生產方法的支配之下了。所以各種經濟制度，能在特定經濟形態中雜然並存。不過那些代表舊時代的經濟制度，受新時代的生產方法所支配，而變成被支配的東西、附屬的東西了。

在現實的歷史上，我們看到，資本主義經濟在封建經濟的母胎中孕成以後，就逐漸的克服封建的手工業及手工農業的經濟，以至于封建經濟，把封建社會改變爲資本主義社會，而未經克服淨盡的手工業及手工農業，雖然受着資本制的統治，却依舊還有生存的餘地。所以現實的資本主義社會中，雜存着舊時代的各種經濟制度。我們爲要具體的全面的理解資本主義經濟，理解手工業及手工農業的崩潰的傾向，理解農民手工業者所以要反抗資本制的社會的根據，就不能不研究先資本主義的經濟形態。

先資本主義的經濟的遺物，並且在過渡期的經濟中，也還存留到相當的時期。現實上，我們看到，蘇俄在一九一七年革命的當時，資本主義經濟，與先資本主義經濟互相交錯着，社會主義經濟還不存在。自從把資本及土地收歸國有，並依據社會主義原則實行經濟改造以後，社會主義的生產纔開始發芽。最初的時候，大的資本主義企業雖被推翻，而小的資本主義企業、以及手工業和手工農業的生產，仍存留了十餘年之久，直到第一五年計劃實施以後，這些舊時代的經濟的遺物，纔被克服，被淸算，被改革爲社會主義。這些都是我們所親見的事實。所以我們爲要理解先資本主義的經濟如何被改造，被推進於社會主義的過程，也不能不研究先資本主義經濟。

目前整個的世界，除了蘇俄以外，其餘全部都處在資本主義的支配之下，這是我們所知道的。但是在資本主義宰割之下的、擁有十二億人口的許多殖民地的落後民族，却仍然過着資本主義時代的經濟生活。這許多落後民族的落後經濟形態的崩潰傾向（即發展法則）究竟怎樣？牠們能有什麼有希望的出路？牠們爲要找到出路究竟要怎樣去努力？——這些問題，都屬於廣義經濟學研究的範圍。

最後，廣義經濟學，還必須研究中國現代的經濟。

中國現代經濟研究的必要

爲什麼要研究中國現代的經濟呢？要答覆這個問題，先得說明我們爲什麼研究經濟學的問題。我們不是爲了研究經濟學纔研究經濟學，而是爲要促進中國經濟的發展纔研究經濟學。但研究經濟學的我們，是現代的中國人。我們不僅生活于現代的資本主義世界，並且生活于資本主義世界中的現代的中國。我們研究經濟學，能夠只知道注意於世界經濟，反而忽視了中國的經濟麽？我們能夠說中國現代的經濟，和歐美各資本主義國家的經濟一樣，因而認爲沒有研究的必要麽？這種謬誤，在稍有現代的常識的人們都是知道的。

「經濟學，對於一切國民，對於一切歷史的時代，都不能是同一的東西」。這個理由，我們在前面已經說明了。誰都知道，目前的中國，是國際帝國主義的殖民地，是資本主義列強的附庸。單就這一點來說，已經可以理解中國經濟的特殊性。

中國現代的經濟，不是原始的或奴隸制的經濟，不是社會主義的經濟，也不單純的是封建的或資本主義的經濟。中國現代的經濟，雖然處在前面所說的經濟形態的歷史的發展過程中，却不能成爲一個階段上的獨立的經濟形態。大體上說來，中國現代的經濟，還停滯在由封建經濟到資本主義經濟的過渡狀態中，但是深深的烙上了國際帝國主義殖民地的火印。

中國經濟，在五口通商以前、即大約在一八四〇年以前，還是封建的經濟。自從五口通商以後，資本主義一步一步的侵入中國經濟的領域，撼動了二千年來根深蒂固的舊社會的基礎。從那個時期起，中國開始變爲各帝國主義者銷售商品、採集原料及投出資本的場所了。

中國舊有手工業及農業經濟，就以加速度的步驟崩潰下去。大約從前世紀末葉以來，帝國主義者利用一切不平等條約，在中國境內陸續設立資本主義的工場及銀行，直接剝削中國的勞苦羣衆，宰割中國的金融命脈，於是大規模的、直接和間接的、經濟的和政治的侵略中國的過程，便很快的發展了。另一方面，中國的民族資本，也在這過程中形成，而民族資本主義工業也開始成立了。民族資本的工業，在滿淸末年到民國初年之間，由于技術的落後與資本的薄弱，不能與國內的帝國主義國家的工業相競爭，直到第一次世界大戰發生以後，纔稍有一點起色。因爲當時歐洲各帝國主義國家捲入了戰爭的漩渦，沒有東顧餘暇，對於中國經濟的壓力稍見鬆懈，國內的市場，除了日美等帝國主義的商品以外，還有民族資本主義商品擴大的地盤，所以民族工業能够成就了空前的發展。但是這種繁榮終不能長久保持，大戰終結以後，歐洲各帝國主義挾着極大的威力，猛烈的榨取東方殖民地與落後民族，以期醫好在大戰期中所受的創傷。結果民族工業受到莫大的打擊，首屈一指的紡織工業逐漸衰落下去，其他各工業更不待說了。尤其是從這次世界大恐慌發生以後，中國不久也捲入于漩渦之中，而帝國主義列強，又用盡種種可能的方法向中國加強榨取，使中國工農業陷于總破產的狀態。更其厲害的事情，鄰接的帝國主義者，希圖獨吞中國，猛烈的經濟侵略與兇狠的領土的侵略，雙管齊下，中國北部都處于牠的控制之下。整個中國的生存，都有朝不保夕的危險。中國的殖民化的程度已經日益加深了，處在現狀之下的中國人民，究竟應當怎樣去圖存呢!?

就中國經濟的現狀稍微觀察一下，就可以看出三個互相交錯的過程：帝國主義侵略的過程、民族資本萎縮的過程、和封建農業崩潰的過程。這三個過程中，第一過程占居統制的地位，這是不待多言的，第二過程已是第一過程的附屬物，第三過程雖然被第一第二過程所統制着，却仍然表現頑強抵抗的力量，仍在困苦狀態中掙扎着。換句話說，封建的手工農業雖被壓榨着，而占全人口總數百分之七十以上的中國農民，却仍依靠這種農業的生產而生活。這種狀況是現代各帝國主義國家所沒有的。所以現在的中國經濟，是處于帝國主義宰割之下的、工農業陷于破產狀態的經濟。這種經濟，可以說是國際資本主義殖民地化的經濟。在這種特殊的經濟狀況下掙扎着的中國國民，究竟應怎樣尋求自己的生路呢？這不僅是一個經濟問題，而是整個中國自求生存、自求解放的問題。要解決這個問題，必須有正確的客觀的理論做實踐的指導，纔能成立民族解放的戰線，纔能進行民族解放的工作，纔能提起中國經濟改造的問題。但要獲得那種客觀的正確的指導的理論，就必須把捉住一般根本路程上的經濟的進化之客觀的法則，同時具體的考察中國經濟的特殊的發展法則，以期建立普遍與特殊之統一的理論。「一切國民，都將到達于社會主義，這是一個必然性。但牠却並不是一切都精密的循着同一路線而到達于社會主義的」。這種必然性的實現，因爲各個國民的經濟的政治的種種特殊性，就會刻印着各自的特色。

從來的中國的經濟學，或者只是研究資本主義經濟，或者並行的研究資本主義經濟和社會主義經濟，但對于中國經濟却從不曾加以研究。這些經濟學專門研究外國經濟，却把中國經濟忽略了。我認爲這是一個嚴重的錯誤，是極大的缺點。因此，我主張廣義經濟學，除了研究歷史上各種順序發展的經濟形態以外，還必須研究中國經濟。只有這樣的研究，纔能理解經濟進化的一般原理在具體的中國經濟狀況中所顯現的特殊的姿態，特殊的特徵，纔能得到具體的經濟理論，纔能知道中國經濟的來踪和去跡。這是我所以主張我們所研究的廣義經濟學必須研究中國經濟的理由。

總括起來說，把經濟構造作爲對象的經濟學，要研究那種與生產力的特定發展階段相適應的特定生產關係的運動法則；卽曝露歷史上各種經濟形態的發生、發展、及其轉變到次一形態的特殊法則，並闡明現代中國經濟的特殊性。

習題一

一、經濟學對象的規定，究竟有什麼意義？
二、勞動過程的三要素的意義如何？
三、何謂生產力？何謂生產關係？
四、生產力為什麼不能在生產關係以外存在？
五、何謂生產力與生產關係的統一？
六、社會的經濟構造之意義如何？
七、歷史上順次發展的經濟形態有幾種？
八、狹義經濟學與廣義經濟學的區別如何？
九、廣義經濟學為什麼要研究先資本主義的諸經濟形態？
一〇、廣義經濟學為什麼要研究資本主義的及社會主義的經濟體系？
一一、我們所研究的廣義經濟學為什麼要研究現代中國的經濟？

第一章　原始社會的經濟形態

第一節　氏族社會以前的經濟

一　人類社會的起源

人類社會的經濟史，當然從人類發生的時候開始。依據生物學、考古學、人類學及歷史學的研究，人類是由高等猿猴進化而來的。人類社會出現於地球上，到現在已經歷了幾十萬年之久。

人類的起源

由猿猴到人類的轉變，是在勞動的長期發展過程中完成的。勞動的發展，是人類社會的基礎，是由猿猴到人類社會的轉變的基礎。在某種意義上說，勞動創造了人類本身。

高等猿猴中的一個分枝，在其勞動活動的過程中，由于運動的更新的種類和形態，使得前肢的活動特別發達起來。變成了人類的兩手；同時，與手相聯繫的人類有機體的其他部分也發達了。由于直立步行及其他種種作用，頭腦便發達起來。人類兩手勞動的活動之複雜與分化，引起腦髓的發達。在勞動與腦髓及思惟的發達上，人類的言語，取得重要的意義。但言語的起源，又與勞動有密切關係。

所以人類兩手的發達，引起頭腦的發達，引起意識與言語的發生。這一切都是勞動的產物。同時，思惟又作用于勞動與言語，而促進其發展。于是完成了的人類出現，同時，人類的社會也出現了。

這樣說來，勞動創造了人類本身，同時創造了人類社會。但這里所說的勞動，是屬於人類形態的勞動，是與器具的製造同時開始的。而能夠製造器具的動物，只有人類。福蘭克林說，人是製造器具的動物。這個定義是很正確的。所以人類本身以及人類的歷史，從造出人工的勞動器具的最初一刹那開始。這一刹那，是由猿猴到人類的突變的一刹那，同時也是人類社會發生的一刹那。

依照達爾文的見解，現在的猿猴，不但不製造器具，並且也不能製造。在自然的環境之中，實際上，猿猴不製造器具，有時也只是拾取地上的石片或攀折樹枝偶然利用而已。但最近佛爾加喀列氏曾經舉行一個有興趣的實驗。他把一個黑猩猩關在大籠中，拿一個果實掛在籠內上部黑猩猩取不到手的處所，另外又拿兩根棍棒分開的擺在地下。黑猩猩爲了要取得那個果實，知道把兩根棍棒連結起來。這種行爲，和製造人工器具的概念相彷彿。依據同樣的道理，當人類遠祖高等猿猴向自然界取得食物時，是能夠製造人工器具以達到其簡單的生產上的目的的。例如他拿一塊石頭碰在別塊石頭之上，把石頭裂開，選擇一端尖利的石塊，用手拿着，來切取植物或小動物，當作食料，或者利用這種石塊作爲防禦敵人的器具。這種行爲的無數次的重複，便成爲經驗，刻印在頭腦之中，就形成勞動的優勢。在這樣製造最簡單石器的最初一刹那間，猿猴突變爲人類了。

人類社會出現的時代

人類出現于地球上的絕對年代，是沒有方法可以確定的。但人類出現的相對的年代，依據地質學、考古學、古生物學及人類學等科學的諸結論，却可以推定出來。

地質學把地球及生物的歷史，劃分爲四個大時代：(一)始生代，(二)古生代，(三)中生代，(四)新生代。人類是在新生代出現的。新生代分爲第三紀與第四紀。那種與猿人有關係的人猿類，出現于第三紀的末期（即鮮新世）。而猿人是在第四紀的初期出現的。

第四紀又劃分爲四個冰河時代：即第一冰河時代，第一過渡冰河時代；第二冰河時代，第二過渡冰河時代；第三冰河時代，第三過渡冰河時代；第四冰河時代。冰河時代以後，稱爲地質學上的現代。

依據考古學上的發見，人類最初的遠祖是猿人，即所謂辟得康人（Pithe cantropus）。辟得康人出現于第一冰河時代。其次到第二過渡冰河時代，出現了海德堡人（Homo Heidellbergengis）；到第三冰河時代，出現了內安得塔爾人（Homo Neandethalesis）；到第三過渡冰河時代與第四冰河時代，出現了所謂「被發掘了的智人」（Homo Sapience）。從此以後，地質學上所說的現代的人出現了。

再依照物質的文化演進的程序說來，大概可以劃分爲下述幾個時代。

一、木器時代，

二、石器時代，

三、金石器並用時代，

四、金屬器時代。

最初的木器時代，在考古學的發掘上，並無證據。不過據一般學者的推測，人類在製造很粗野的原始石器（如曙石器）以前，必有用木枝組成原始木器的事情，只是這種木器的化石，不能保存到現代而已。這種推測雖有理由，却無考古學上的證據，所以我們追溯人類的技術的原始，只能從石器時代開始。

石器時代，又可以劃分為舊石器時代與新石器時代兩個階段。舊石器時代，從猿人時代所使用的曙石器時期開始；新石器時代，從地質學上的現代人最初使用石斧之時開始。這里就上述各項列表如下。（下表根據波卡洛夫等「世界史教程」編列）

代	紀	時代	人類的體型	技術發展時代	距離現在的年數
新	第	第一冰河時代	辟得康人	舊石	五〇〇·〇〇〇
		第一過渡冰河時代			四七五·〇〇〇
		第二冰河時代			四〇〇·〇〇〇

生代			
四紀			
第二過渡冰河時代	海德堡人	器時代	三七五·〇〇〇
第三冰河時代	內安得塔爾人		一七五·〇〇〇
第三過渡冰河時代	被發掘了的智人		一五〇·〇〇〇
第四冰河時代			五〇·〇〇〇
現代			
冰河時代以後	現代人	新石器、金屬	二五·〇〇〇

二 先氏族社會的生產諸力

本章我們所研究的原始社會，是從人類發生時起至階級發生時爲止的長期的時代。在這長期時代中的原始社會，可以劃分爲兩個小階段，即先氏族社會與氏族社會。

舊石器時代前期的技術

先氏族社會，是採集經濟與飄泊生活的階段，大約與舊石器時代相適應；氏族社會，是半土著的農牧經濟的階段，大約從新石器時代的初期開始。不過技術進化時代的劃分，還不能完全的反映出原始社會的經濟制度之變化。因爲經濟關係的基礎中，不單存有勞動器具的材料，還須加上連人類本身也在內的物質生產諸力的總體。因而這里我們所劃分的先氏族社會，也只是近似的與舊石器時代相一致。

舊石器時代，又可按照各地所發掘的石器的演進的程序，劃分爲前後兩期。先說明前期舊石器時代的生產力的狀況。

前期舊石器時代，分爲前齊爾安期、齊爾安期、亞齊爾安期、及摩斯特里安期四個小階段。

由動物狀態進化而來的原始人，最初只使用極原始極幼稚的勞動器具，幾乎完全爲自然所左右，原始人最初只使用用樹枝組成的木器，和用敲打燧石做成的曙石器。直到第二過渡冰河時代，纔有前齊爾安型、齊爾安型及亞齊爾安型的石器出現。這種石器，是就石塊施以打製的技術而成的。這種石器，可以切斷球根類果實類和肉類，主要的用以取得直接充用的食物。從前齊爾安期起，人們已知道用樹枝編成小屋居住了。

齊爾安期石器中最有特徵的東西，是用石和木製的手槌。這種手槌，可以做剝、削、切、打等工作。這時的人類似乎還生活在森林之中。

亞齊爾安期的石器，也以手槌爲特徵，不過比較簡單輕巧一點。這時的手槌爲扁平三角形好像可以用做槍尖，而開始獵取較大的動物了。

往後進到摩斯特里安期，石器製作的技術比較進步，已有加上尖刃的石器了。這種石器，有削皮器和尖端器。削皮器附有木柄，可以剝去動物皮；尖端器可以穿孔，可以削物。這表示着人們已能實行狩獵生活了。

屬于這時期的人們，已始知道用火了。最初用火的痕跡，是在與第三冰河時代相當的地層中的發掘物之上看出的。火是解放人類的手段。火能燒烤食物(食物的數量因而增加)，溫煖身體，防衛猛獸，煅製器具，獵取野獸。由于火的利用，人類的生活大有改變。並且熟食能縮短消化過程，變化頭蓋骨的顏面部和齒部，因而當作生產力看的人類本身也改善了。

這時人們的住所，大都是在能避風寒的石巖上用樹枝造成的小屋，或者用火把猛獸從洞窟驅逐出去，占領這種洞窟居住。又，這時人們已經知道穿衣了。這種衣服是用獸皮做成的。因爲摩斯特里安期的石器，能夠從野獸身上剝下毛皮，拿來纏在身上取暖，藉以抵抗第三冰河時代的嚴寒。

生產的技術，從摩斯特里安期的石器更前進一步，就進到了後期舊石器時代。

舊石器時代後期的技術

後期舊石器時代，又分爲奧里奈西安期、蘇流特里安期、瑪克達特里安期、及亞幾里安期四個小階段。

奧里奈西安期的石器技術，比較從前進步，多半是用打製了的細長石片做成的。這種用細長石片製成的石器，能製造獵器，又能把木材和獸骨製成器具。石器有木柄，並附上槍尖。還有削皮器和在獸骨上加工的彫刻刀，還有帶柄的尖頭器和穿孔器，以及種種骨器。骨器的出現，是這個時期的特徵。

奧里奈西安期的技術，表示着狩獵經濟已經變得複雜了；器具的形態的分化，表示着狩獵者與單純的採集者之間，已有相當的分化；而獵得的動物，已經供作各方面的利用了。

這時期當作生產力看的人類，也比較聰明了。所謂「發掘了的智人」，是在這個時期出現的。這種智人，與現代人的肉體模型相近似。頭腦與手足，已具有完全的組織，比較前一時代的內安得塔爾人已大有進步。人類此時有音節分明的言語發生了。

其次，進到蘇流特里安期，狩獵更加完全化了。這可由石製的精巧槍尖去辨認的。這種槍尖，是形如月桂樹葉的兩端齊整的尖石片，兩面都經過加工，均有較寬的扁平的裂齒。這種槍尖的製造，經過了長期的熟練纔成就的。

到了瑪克達特里安期，獵具更加完備。骨器更進步更複雜了。石製的槍尖，都用骨器代用。由於骨製鈎針的出現，表示着這時的人已經知道捕魚了。最可注意的事，是這時骨器之中的穿孔的縫針。這種縫針的出現，表示着人們已知道用獸皮縫衣了（這時還不知道織布）。

最後，在亞幾里安期，地理的與氣候的條件，很和現代相近，寒冷氣候變得溫和了。這時的燧石器的式樣大概和從前相同，但石器的形式改小與形式的統一，表示着製造技術的進步。這種石器，能節省勞力和材料。

從亞幾里安期更前進一步，便是新石器時代。新石器時代，比較舊石器時代，生產力雖大有進步，而這種進步，是在舊石器時代準備起來的。往後我們討論新石器時代的生產諸力時，必須注意到這種關聯。

先氏族社會的技術發展的情形，前面已經簡略的說明了。現在再就狩獵——採集經濟的發展，指明先氏族社會的生產力的發展。

狩獵——採集經濟中所表現的生產力的發展

『由動物界分化出來的人類，帶着由動物進化而來的痕跡，踏進歷史的領域。他們是半動物的狀態，非常粗野，沒有抵抗自然的能力，也不覺到自己的力量，因而是像動物一樣的貧弱』。這種原始人羣所使用的勞動器具，不外是粗糙帶刀的石器和尖頭的木棒。因爲技術的幼稚，還不能獵取較大的動物。他們的生活方法，主要的還是採集自然界所供給的現成的自然物。當時的人們，多住在熱帶地方及其附近的森林中，大部分是生活在樹上，吃的東西是果實、木根、球根類、小動物、昆蟲、小鳥等。他們捕食大動物，是很少有的現象。狩獵帶有偶然的非組織的性質。人們常常捕捉帶病的動物、落到自然陷阱中的動物、以及離了羣的動物。他們搜集了食物或殺害了動物、或發見了死動物，就當地吃掉。

往後，由於狩獵工具種類增多，狩獵在這時期帶有經常的性質。人們並且知道捕魚，採集也變得複雜。於是取得食物的基本方法，就變爲狩獵，而採集只成爲女子和兒童的工作了。經常的狩獵，得到許多的毛皮，因此，人類漸次知道穿衣了。

原始社會生產力發展的最重要步驟，是火的發明。火的作用，在解放人類的意義上，比蒸汽機關發明的作用還要大。

舊石器時代的人們，還不知道貯藏物品。人的存在，主要的受自然的富源所左右。狩獵如有所得，便舉行饗宴，大吃一頓；食物缺乏之時，就有餓死的危險。這在現代落後諸民族中，也可看到。所以先氏族時代的經濟，可以稱為採集經濟。人們還不曾想到用完成的形式，去取得自然所給與的東西，以再造他們消費的資料。

三　先氏族社會的生產關係

原始人羣

在前氏族時代，當作生產力看的人類本身，處於未發達的狀態。生產力發展之極低的水準及人類對自然鬥爭的力量的薄弱，使原始人不得不結成集團，而營集團勞動與集團分配的生活。在這種集團中，沒有指導者或指揮者，一切事情都是共同決定，所以社會本能，盡了不少作用。結婚是不存在的，對於性的關係，實行自由性交。這時，作爲經濟和法制之單位看的家族，還不存在。

在生產力極不發達的階段之下，這種羣集不能很大，但也不能太小。隨着技術和經濟的發展，人類共同生活的形態，也變得複雜了。比較鞏固的結合，代替了以前的完全散亂零碎而很小的集團。這些團體，在取得食物時，爲要得到較大的機會，便分成了小的集團。小集團結合的人數，不過百人，各小組是由十人到二十人組成的。離原始人羣很遠的澳洲土人的羣，平均由四十人至六十人而成。南美的波托苦多人、喀剌哈里沙漠的布須曼人、以及暹邏島的吠陀人等狩獵種族，都組成小羣，其範圍超過上述之數不遠。因爲狩獵及野生果實的採集，一次不能養活許多人；甚至凡由數十人結成的羣，往往在共同飲食上感到困難，不得不分成小羣。例如在熱帶地方的夏天，若進到氣候乾燥的季節，就分成小羣，個別的採集自己的食物。進到雨期，食物多了，各小羣再結合爲一個大集團而飄泊。

隨着時代的進行，石製器具比較複雜化，於是依賴過去技術的經驗，原始人也能獵取較大的動物了。如棲息於第四紀的草原或森林中的野馬、豬、赤鹿、馴鹿、麋、麝、野牛、原始牛、古象和犀等大型動物，都成爲原始人獵取的對象了。於是狩獵漸漸變成與採集不同而具有重大的意義。從狩獵變爲主要的生活手段以後，原始人羣就變爲原始共產的人羣，組織也比較以前緊密了。他們不是無計劃無秩序的流浪於森林或河川流域。他們由飄泊生活，漸漸轉到暫時的定居生活；一個血族與別個血族之間的界限，也比較嚴格了。血族的集團，在其狩獵的區域中，土地及其他自然物，屬於集團公有。一集團中的人員，在其所屬的地界內從事狩獵和採集，一旦越出界限，就會引起集團與集團之間的戰鬥。因而集團中的人員，與他所屬的集團緊密的結合着，決不能離開他的集團而生活。

性別與年齡別的分工

由於狩獵的發生，由於生產諸力的稍見發展，原始人羣開始了性別與年齡別的分工。少壯的男性担任狩獵，老幼婦女担任採集自然物及其他等工作。這樣的分工，對於先氏族社會給以重大的影響。

女子爲家庭經濟所束縛，專以採集爲務，並於所採集的植物，實行加工和調理。這種工作，需要不少的勞力，因而規定了女子在原始生產中的任務，同時規定了她們在原始共產主義社會中的地位。因爲在一切狩獵種族中，縱然從事狩獵，也還要依存於生產物的採取。例如在不知農業的印第安種族中，他們的主要食物由女子所採取。因爲他們居住的地方，野獸很少，狩獵所獲，祇能供作副食品。所以女子在當時社會生活中，演着主要的任務。

隨着兩性間的分工之後，在原始社會內就發生了年歲別的分工。本來，當使用原始的勞動工具，對於牠的製作無需特別的熟練時，這可由羣的全體成員去製造。但是，由於技術的複雜化，而勞動工具的製作需要相當經驗與特別熟練時，於是不能參加狩獵的老人，便專司勞動工具或武器的製作，而年輕較強的人，便從事狩獵，女子仍從事採集。於是生產力就由這種分工而向前發展了。

生活上具有許多經驗的「老人」，比較集團中其他的人們，權威較大。一切社會事業，例如集團狩獵的組織、對於近隣種族羣的反攻、犯罪人的處罰、慶祝和祭典等——所有這些事業，都由老人們決定。他們在實行不十分複雜的集團政策之時，也許盡了指導的任務。

當作生產關係看的婚姻關係與家族關係

前氏族社會與氏族社會，有一個共通的特徵，即生產關係與血統關係有密切的聯繫。在這種社會中，婚姻關係與家族關係，是生產關係的側面。因爲『勞動越是不發達，勞動生產物的量以及社會的財富越是有限，社會制度越是受血統關係所支配』。這就是說，原始社會中勞動的社會化以及自然物占有的程度，還在幼稚的狀態，血統關係在社會生活上演着莫大的作用，成爲生產者之間的關係的基本形態。所以人們『在其生活的社會的生產上』所成立的勞動關係，出現爲血統關係的形態。

依據莫爾甘和恩格斯的研究，原始社會的婚姻關係，採取如下的順序的發展階段。

一、雜婚

二、血族羣婚，

三、半血族羣婚，

四、對偶婚，

五、一夫一妻制。

所謂雜婚，是最初的婚姻關係，即原始羣之中，一切男子屬於一切女子、一切女子屬於一切男子的那種婚姻關係。由雜婚進到血族羣婚，親子間、祖孫間的性交已經禁止，而多類兄弟姊妹，自然的成爲一羣的夫婦，所以叫做血族羣婚。由血族羣婚更進一步，是半血族羣婚。同胞兄弟姊妹已禁止通婚，甲族的兄弟與乙族的姊妹、或乙族的兄弟與甲族的姊妹，成羣結婚。這種半血族羣婚，是族外婚姻的開始。由半血族羣婚更進一步，是對偶婚。這時男女通婚的禁制，逐漸推廣，羣婚生活已成爲不可能，而一氏族的男子不能不贅婚於乙族女子之家。這就是對偶婚。由對偶婚再進一步，是由姦通和賣淫所補充的一夫一妻制。這時原始社會已經崩潰，那種一夫一妻制，實是文明社會中的婚制。

原始時代的男女關係演進的過程，反映了原始社會的生產關係的過程。在原始羣的時代，生產力幾等於零，分工尚未發生，男女老少一同爲採集食物而飄泊，生活與動物相差無幾，所以這時的兩性關係，必然是雜婚。往後生產諸力進步，性別與年齡別的分工發生了。狩獵的男子羣與採集的女子羣，互相而爲勞動，互相交換其勞動生產物。在這種基礎上，男女兩羣發生經常的羣婚關係。還有長老者與幼少者的分工，也都各分擔一定的勞動，與少壯的男女互相交換其勞動生產物。基於這種分工，那種血族羣婚，必然是年齡相差不甚遠的同血統的男女的羣婚。像這樣的婚姻關係，很顯明的是一種生產關係。

先氏族社會的婚姻關係比較進步的東西，是族外婚的半血族羣婚。因爲這個時期，生產力比較有一點進步，原始人的生活，已由飄泊無常的狀態進到暫時定居的狀態。他們在天然食物供給豐富的地方，可以暫時的寄住一些時，而各種分離的原始羣之間，各占有一定的狩獵動物採集食物的地界，一族不能侵入他族的境界以內。在這個時候，各族爲要擴大自己的經濟勢力，只有擴大親族的關係，纔能進到他族的境界之中，所以這時候各族都限定本族男子到族外去結婚，藉以擴大親族的——經濟的關係。青年狩獵者取得進到妻子領土的權利，把獵得的東西交給妻族，藉以取得食物。這種規則實施的結果，各個人都能養活別人，並用別人的勞動生產物來養活自己。因此，各個人都固結于一定的集團，完全依靠集團纔能取得食物，而個人更不能脫離集團而獨立生活了。

族外婚姻，還含有互相交換勞動力的意思。甲族的男子入贅於乙族的女子，乙族的男子入贅於甲族的女子。各族所失去的勞動力，因取得他族的勞動力而得到補充，各族的經濟利益也可以保全了。這種族外婚姻的經濟的意義，不但與上述半血族羣婚相適合，並且還與對偶婚相適合。

上述三種婚制，表現着先氏族社會的生產關係的側面，至於對偶婚，却表現着氏族社會的生產關係的側面。後來文明時代的一夫一妻制，那是與私有制的生產關係相適應的。

由半血族羣婚制更進一步，是對偶婚。由對偶婚而結成的氏族，是氏族社會的經濟單位。這一層留待下節說明。

第二節　氏族社會的經濟

一　氏族社會的生產經濟

氏族社會，是先階級社會的後期發展階段。氏族社會的質，與先氏族時代的質，並沒有飛躍的變化。兩者的差異，只是同一的質的發展程度的差異。因爲氏族時代的生產方法，與先氏族時代的生產方法，同是平等的生產方法，主要的生產手段（如土地及其他自然物），都屬於集團公有。所以兩者的差異，只是生產力發展程度的差異，而不是生產力的質的差異。

由先氏族時代到氏族時代的推移

由先氏族時代到氏族時代的推移，就勞動手段方面說，是舊石器時代到新石器時代的推移；就經濟性質方面說，是採集與狩獵經濟到生產經濟即農業與牧畜經濟的推移；就生產關係的一個側面之血統關係說，是集團婚家族到對偶婚家族的推移。

在先氏族社會中，採集和狩獵的對象，都只是自然界所供給的天然的對象。就原始人說來，土地是他們的生活必需品的糧食倉，也是他們的勞動手段的武器庫。土地把石子供給他們，他們要用這些石子，做種種採取食物的工作，並把石子做成種種的勞動手段。土地把野獸，魚類和球根果實供給他們，他們就獵取並搜集這些東西做食物。所以原始的狩獵者和採集者的特徵，就是占有現成的自然物和勦滅自然的資源。他們還沒有發達到應用勞動使自然物再生產出來的程度，即是說，還沒有達到農業和牧畜的程度，即是沒有進到生產經濟的階段。

自從新石器及金屬器的出現，勞動力較高度的發展，農業和牧畜才發生了。

由狩獵——採集經濟到生產經濟的推移，在原始社會中，經過了幾十萬年的歲月。在生產經濟時代，首先出現了農業與牧畜。這種生產經濟，使人們得到經常的食物的資源，造出手工業發生的可能性，從此剩餘生產物也發生了。於是社會生活的全部秩序發生變化，新的習慣與制度也發生了。

由狩獵——採集經濟到生產經濟之間，存有一個過渡期。新的生產經濟之發生，與飄泊集團的定居，有密切的關係。這種定居的處所，大概是食物供給比較豐富的地方，如河川、湖沼、海岸、及其他禽獸豐富的處所。這種定居，在最初是暫時的，後來纔變爲永久的。原始人這種暫時定居的生活，是由漁獵——採集經濟到生產經濟的過渡期的生活形態。

氏族社會的生產諸力

原始人的生活上的進步，到了新石器時代，當作生產力看的人類本身，已經顯著的進化了。這是可以由二萬五千年前的地層中的發掘物來證明的。現在再分別說明新石器時代及其以後的技術。

氏族社會的秩序，從新石器時代開始到私產與階級出現之時爲止。氏族社會中的技術，不僅是使用新石器，以後還使用過各種金屬器。

原始人的經濟所以能有顯著的進步，一方面固然由於氣候變化（冰河時代終結）的結果，他方面也是由於製造器具的技術進步的結果（這是有主導作用的東西）。因爲冰河時代終結以後，氣候變得温暖，動植物更趨豐富，水中魚類也增加起來，人類取得生活資料的活動領域就逐漸擴大了。

新石器時代製造石器的技術的基本模型雖與從前一樣，但一切石器都使用研磨的技術，這却是一個特徵。用研磨技術製成的石器，比較以前更爲鋒鑛而精巧，如石斧、石鋸、石刀，石鋤，石鏟之類，都是可以供作伐木，墾地之用的東西。此外，骨器、木器、骨針、釣鈎、弓、箭等類東西也出現了。這些器具不但使狩獵容易實行，並且也便于栽種植物，陶器也是在這時出現的。在河川海岸方面，用上述器具造成的木筏，船舶等也出現了。同時住居方面，也由洞窟和茅屋變成小土屋，而建築技術方面也有了顯著的進步。

從新石器時代更進一步，便進到銅器、青銅器的時代。原始人的發明和改良，在舊石器時代，往往經過幾萬年或幾十萬年的間隔，但進到新石器時代以後，技術上的發明和改良，就比較的能在短期中成就。據一般學者的研究，歐洲新石器時代的開始，大約在紀元前一萬二千年；銅器的出現，大約在紀元前八千年；青銅器的出現，大約在紀元前五千年。這種年代的推測，雖有考古學上的發掘物做根據，但也不一定是一般的東西，例如中國的青銅器時代屬於殷代，而從殷代到現在，至多也不過四千年。

青銅器時代以後，是鐵器時代。氏族社會所屬的時代，從器具的演進的時代說來，大致在鐵器出現以前。不過，器具演進的時代，不一定能反映社會經濟形態的變化，在青銅器時代，也能產生出奴隸經濟。這裏我們也只是說，氏族社會的階段，大約近似的與新石器至青銅器的時代相一致。

氏族社會的生產諸力的發展，表現於農業、畜牧業及手工業的發展過程之中。下面再分別說明這些生產經濟部門的發生及發展的過程。

農業的發生和發展

一般學者，認爲農業發生的基本條件是定居，這當然是正確的。但我們要知道，由流浪的生活形態向定居生活形態的推移，雖是農業發生的基本條件之一，同時，促進農業發生的各種前提（如採集的複雜化）之出現，也可以強烈的助長人類的定居生活的實現。

狩獵者和採集者的流浪羣的活動，也不是無計劃的偶然的飄泊。他們常常在各種植物或動物存在的地方，經營暫時的定居生活，因而漸次的促進了農業的發生。譬如北美西北部海岸印第安的若干種族，長久定住於野生稻生長的湖水附近，他們採取稻粒時，留下一部分作野生的播種。在澳洲土人中，也有禁止拔去結實的球根植物的習慣。馬來半島的流浪種族巴濟濟人，當其移動時，常將食物的果實帶到遠方去，把牠播散，以助長新植物的成長。這些現象，明顯的表示在流浪採集者之間，播種是怎樣發生，和採集經濟怎樣的漸漸變成生產經濟。換句話說，這就是說明播種和耕種已經在飄泊生活的採集的過程中準備着，也就是說明採集之漸次的複雜化，產生人類的飄泊集團的定居，以及定居的農業之出現。

但是，我們不能在飄泊的生活形態與定居的生活形態之間，劃定嚴格的界限。並且在飄泊的採集變成複雜的時期，各種族羣停滯在食物豐富的一定地方的，也頗不少；又在農業初期，飄泊生活的傳統習慣，還不至完全消滅。

一般的說來，農業的出現，是以定居的生活爲前提；但是，也有不營定居生活而經營農業的種族。譬如菲力賓羣島的馬諾卑人，就不過定居的生活，這是因爲他們的農業方法的原故。在那裏，土地非常豐饒，加以人口稀薄，他們就是經常不停滯在一個地方，亦無不可。他們寧願有時在這裏有時在那裏的去施行播種。這是因爲土地肥沃，可以收回百倍的產物。這種栽種的方法，當然是原始耕作方法。他們砍掉大樹，放在太陽下晒乾，後來用以燒火。他們的收穫是很大的，一個地方枯竭了，就移到另一個地方去。狩獵羣爲易於獵獲野獸而焚燒森林或草原，是燒田耕作或採伐農業的先驅。

當原始的農業由塊根的埋植轉變到種子的散播、由用掘土棒轉變到用鍬、更後由用鍬進展　用犂或耙時，我們又可看到牧畜的發生和發展。這恰如採集的複雜化產生農業一樣，狩獵的複雜化便產生了家畜。

牧畜的發生和發展

考古學者，在丹麥知蘭島的瑪克列摩瑟大沼，發見了新石器時代初期人類的住所。當時的人經營狩獵和漁業。在這住所附近，還發見許多野獸骨。這些野獸骨之中，雜有犬骨。據考證，這犬骨是馴犬之骨。犬的馴化，也許是偶然的。但犬一旦與人類同棲，牠就成爲最初的家畜了。小規模的牧畜，開始是由於娛樂而馴養動物。這是在暫時的定居之時開始的。狩獵者活捉了小的野禽和野獸，帶到家中馴養，供小兒們的娛樂，是常有的事。這便是牧畜的起源。例如緬可卑人和馬來半島的尼格利陀人，常把狩獵時活捉的小猪帶到自己的住所，放在特別的圍圈養活着，等到長大了才屠殺。新幾內亞北部的巴布亞人，把小猪或瘦猪，放在村子的圍場裏，等到牠長大了以後才殺吃。這種發展的途徑，恐怕不僅對於猪類如此，對於其他家畜也會是這樣。所以，人們對於肉食的要求，以及對於獸皮獸毛和角牙的要求，是人們馴養動物的原因。但家畜之廣泛的發達，及其發達的必要條件，是定居的生活。到了定居以後纔出現了犬以外的其他家畜，如豚、鷄、羊等，最後纔馴養馬和牛。

由於家畜的馴養或畜羣的飼養，人們從來夢想不到的富源發達了，而且嶄新的社會關係也建立了。在各個生產之下，動產之漸次的積蓄，正由家畜開始。但是，對於家畜的共有，很快的便和私有相交替，所以在原始共產主義的崩潰過程中，家畜的出現，發生了一定的作用。

農業和牧畜的發達，激烈的變化了人類的經濟生活和社會生活。隨着經常的剩餘物產生，人類就慣於貯藏物品，經濟本身就鞏固起來；同時，勞動生產力也增大了。男子和女性的相互關係，也發生了變化。男性在發達了的農業和牧畜經濟上，占得了指導的地位，而在農業上曾經盡過重大任務的女性，地位反而降低，往後更變爲男性的隸屬者和無力的補助者了。

農業和牧畜發生以後，狩獵和捕魚，仍然存在，不過退居比較次要的地位而已。

二　氏族社會的生產關係

集團生產和集團分配

氏族時代經濟構造的基礎，是由土地共有而發生的共同的居住和集團的生產。土地的共有，造出了「集團生產與占有之自然的基礎」；同時，集團的生產與占有，就形成爲氏族社會的生產關係的基本特徵。集團生產和集團分配的共產主義，和所有方面的共產主義相適應。『在最古代的共同體中，工作是共同進行的。共同的生產物，除了爲再生產而存留的部分外，依必要而漸次分配』。在許多原始民族中，我們到處看到平等的分配生產物的情形。

氏族時代的特徵，是農業和牧畜的發生。而農業和牧畜的發展，便促進生產手段的發展，同時便由石器轉變到金屬器具，而手工業也隨之發達了。這樣，在氏族時代，便見到原始共產主義社會的生產力之異常的發展，但是，在這個階段，生產的水準，還需要原始共產主義諸關係的維持。

現在我們先舉出原始農業的共同勞動的情形的實例。

原始社會的研究者瑪達萊，描寫了巴布亞人的原始耕種的情形。他說：

『二三個以上的男子，排成一列，把器具深深的插入土中，每掘一次，便掘起大的土塊。如遇硬土　就在一塊地方挖兩次，才能把土掘起來。女子隨在男子後面，跪在地上，手裏拿着堅棒，打碎掘起的土塊。年齡不齊的小孩，跟在她們後面，用手平土。男女和小孩便是這樣的耕種。當鋤完土地之後，女子用小棒在地上挖成小坑，實行散播種子或插秧』。由此可見最簡單型式的共同體，是共同耕種的。像這一類的例子很多，這裏不必一一列舉。

其次，再舉一個捕魚的例子。

據「世界原始社會史」一書所說：『在澳洲的大河中，當河水淺而且清時，四五十個土人的漁人羣，用六呎多長的尖銳的木銛捕魚。他們圍成半圓形，手拿着木銛下水，在水裏停留很久。……他們在一小時中，可以捉到七八尾十五磅以上的大魚。』原始人共同捕魚的方法，不僅澳洲土人是這樣，就是北美印第安的漁業種類，也實行這種方法。這種捕魚的方法，表示了原始社會的經濟的性質。

狩獵的方法，尤其捕捉大獸的方法，和捕魚的組織，非常類似。『一般的說，狩獵，是協業的最初的形態』。加里福尼亞半島的印第安人，常用火把包圍動物，把牠們驅逐到沒有火而有獵師潛伏的地方，共同殺戮。或在樹林中張掛繩索，並設置柵欄，共同把動物逐到陷井或圈圍之中。這都是最普遍的共同的狩獵方法。這種協業的狩獵方法，在澳洲土人中也同樣使用，規模還要廣大。此外，伊洛葛土人，也同樣使用這種方法。這是狩獵時共同勞動的情形。

關於住宅，也是如此。恩格斯說，易洛魁的長形住宅的經濟，是「幾個家族的共產主義的經濟」。易洛魁人中的辛尼加族的長形住宅，長九十六呎，寬十七呎。在婆羅島，有長達四分之一哩的住宅，能容一千人。不消說，只有在卓越的有組織的集團勞動之下，才能夠用原始的石斧建造這些龐大的建築物。由於建築時之協力及其集團的使用，便必然的成爲集團所有。

關於共產主義的分配情形，可以在公共倉庫及食物的共同使用上看出來。據莫爾甘研究，在易洛葛土人中，『凡是由狩獵、捕魚或農業所得的東西，無論誰都把牠放在共同倉庫裏，族人便依共同貯藏而過活。通常各住宅每四個房間有一個爐灶。爐灶放在廊下的正中，沒有煙筒。各家屋的經濟，都由主婦指導。各爐灶的每日食品準備妥當之後，由主婦按照各家族的要求分配食物』。還有，瑪卡族的土人，也是共同住居于大家屋之中，他們以共同捕鯨而互相結合。他們在家屋中央放一個大爐灶。共同烹煮食物而分食。像這類的實例，不勝枚舉。

就上述各項看來，氏族時代的生產過程，基本的生產手段的土地是歸集團所共有的，屬于一個集團中的人們，共同居住於大家屋之中，在共有的土地上實行協作的勞動，而勞動生產物都實行着共產主義的分配，——這樣的氏族社會的基本生產關係，便形成了原始共產主義經濟。

當作生產關係看的氏族的血統關係

前面說過，在原始社會中，血統關係是生產關係的側面，所以我們在這里說到氏族社會的生產關係時，不能不說明氏族的血統關係。

氏族是從原始羣分化出來而以一定的血統關係爲基礎而構成的人類共同體。氏族的發生，始於半血族羣婚時代，但血統意識比較分明的氏族社會組織，是在生產經濟發生、鞏固的定居生活形成、以及共同的勞動形態成立以後纔出現的。

氏族的發展，採取由母系氏族到父系氏族的順序，即是說最初的氏族是母系氏族。母系氏族與父系氏族，是原始社會的一定發展階段（即氏族時代）上發生的基本的社會組織，她是原始社會的生產諸力發展的結果，又表現生產關係的一定形態。她的經濟的基礎，是農業或牧畜的經濟，有時是高級階段上的漁獵經濟。

氏族的社會組織，可以看作生產的集團。氏族中的血統關係，在其經濟基礎上，即是集團的生產。這集團的生產，是氏族中一切習慣、傳統、及財產繼承等的現實基礎。氏族是勞動力的分配的統制者，而氏族共同體的經濟方向，也規定氏族的形態。

母系氏族，是由母系傳統的。母系的傳統，具有經濟的意義。在半血族羣婚時代，父子的血統關係，不能分辨，一切子女都由母性撫養，所以當時人們「只知有母，不知有父」。當時女性擔任採集工作，一切食物的調理及其他家計，都由母性主持，因而自然的形成了母系的傳統。往後進到定居生活的生產經濟時代，家內的共產主義經濟日趨複雜，其任務也日益加重，由于氏族的共有財產的繼承及其他公共職務的繼承等事，就產生了經濟集團的人員的血統計算的要求。而這一類的任務，自然的由母性去擔任，因而子女們在經濟上隸屬於母性了。於是女子中心的對偶婚姻，代替了從前的半血族羣婚，而一族的男子們就入贅於他族，勞動力的分配也因此得到調節了。

在母系氏族形態中，母性的地位顯然是很優越的，但是男性的任務也很重大。例如比較進步的伐採農業，牧畜，及高級的漁獵等事，大都是由男子去操作，因爲這時的母性爲着家計上的負擔、子女的養育等任務的加重，不能勝任那些要費大體力的工作。所以由女性發明並發展的農業，往後便轉變爲男性勞動的領域，而女性的社會地位，就開始降低，經過一定時期之後，母系的傳統轉變爲父系的傳統，即母系氏族轉變爲父系氏族了。

氏族的根本意義，在於她是具有遊牧或耕種的共通領土的獨立的經濟單位。氏族人員的血統關係，在創造統一的經濟上，具有首要的意義。所以氏族是社會的——經濟的組織。最鞏固的氏族聯絡，存在于遊牧民族中。因爲遊牧民族，依其經濟生活的諸條件，必須常常和自己的遠族在一處。在農業民族方面，到了人口增加而土地不足之時，氏族的一部分就移居他處；他們的經濟封鎖性，引起了氏族聯繫的分裂。不過這種分裂，是在氏族社會的生產力發展以後纔出現的現象，後面再加以研究。

我們在前面已經指示了：原始共產主義社會有三個基本特徵，即適應於生產力的低級水準的集團的生產、生產手段的共有、以及原始共產主義的分配。氏族社會的生產關係，包含着這三個特徵。這樣的生產關係，在氏族社會的共同體中反映了出來。在氏族共同體之中，一切人員都是自由人，相互間有保守自由的義務；在人權關係上是平等的（因爲經濟上平等）。他們結成一種與血統關係相適應的同胞關係。自由、平等、與博愛，在這里雖沒有明文規定，然而這些却成爲氏族組織的根本原理。

第三節　原始社會的經濟之發展及其崩潰的過程

一　原始社會的基本矛盾之發展

在前節之中，我們已經很簡單的說明了氏族社會的生產關係之一般的特徵，現在我們更進而說明氏族社會的生產關係、即原始社會的經濟構造之發展及其崩潰的傾向。

原始社會的基本矛盾

原始社會發展的原動力，是生產力與生產關係的矛盾。所以原始社會的發展，也和後來的各種形態的社會的發展一樣，表現於生產力的發展之中，表現於與生產力的發展相適應的生產關係的發展之中。

人類在其剛從動物狀態脫離的一刹那，就開始創造自身的歷史。人類爲創造其自身的歷史，不能不努力取得物質的資料而生活，這是第一個生存條件。第一個慾望滿足之後，又生出新的慾望，因此創造出生產所必要的新條件，這是第二個生存條件。還有人類本身，也必須繼續的生產及再生產，這即是人類本身的繁殖，是人類本身的生產及其表現的家族。家族是最初的唯一的社會關係，但到後來，由於複雜的欲望，產生新的社會關係，而人口的增加之產生新的欲望與否，就只有附屬的意義。歷史的發展的那三個方面，並不是三個不同的階段，而是從人類的歷史開始以後即已一同存在的三個方面。若果把這三個方面再簡括的說起來，人類的歷史的發展的原動力，卽是人類的生活及生命之生產與再生產。

人類的生活與生命之生產與再生產，表現爲生產力與生產關係的矛盾之發展。

原始社會的生產力之發展，表現於分工之中。分工不僅是生產力發展的動因，並且是生產關係發展的動因。但在剛剛脫離了動物境界的人類看來，他們的生產力極其幼稚，因而不能不形成爲飄泊的原始羣，專門採集自然界現成的東西而生活。他們之間的結合，是極其鬆解的。往後石器的製作有了進步，他們漸漸能夠經營狩獵生活，開始發生了性別與年齡別的分工了。由於這種自然的分工，他們就開始經營狩獵——採集生活，而勞動生產物就比較從前稍微豐富。因而當作生產力看的人類本身的性質，也漸漸的進步了。因而這時的人類的勞動力與當時已經取得的生產手段相結合而發揮的物質生產力，就逐漸發展了。與生產力這個發展階段相適應，就形成了比較緊密的生產關係。這種生產關係，即是由於性別與年齡別的分工而結成的勞動交換關係；在血統關係上表現出來，即是血族羣婚、半血族羣婚的家族關係。生產力發展更進一步，那種家族關係，就推移於氏族關係。

以上只是就先氏族社會的發展過程來說的。先氏族社會的生產關係，是原始共產主義的諸關係（由集團的生產、集團的所有、集團的消費與血族關係而成立的）；這種生產關係促進了生產力的發展，而生產力的發展，又改變他們的生產關係（由雜婚到血族羣婚到半血族羣婚的家族關係之變遷）。

但是在先氏族社會中，我們可以看到生產力的低級階段與集團的生產之矛盾。這種矛盾，因為生產的個別化的傾向而得到解決。所謂個別化的生產，是說原始羣由無分工狀態進到自然的分工狀態，由雜婚進到羣婚的狀態，表現了生產的個別化的傾向。這種分工，這種生產個別化的傾向，是促進生產力發展的動因。

生產的個別化能促進生產力的發展，促進生產關係的發展。生產個別化，在氏族社會中，漸漸的變得與集團的占有相矛盾，到了一定的社會條件出現之時，就成爲私有財產與階級出現的前提，因而促使氏族社會的崩潰。

社會的分工之發展

先氏族社會中，只有性別與年齡別的分工。這種分工，是自然的分工。自從進到氏族的時代以後，社會的分工便發生了。第一次的社會的分工，即是農業與牧畜的分工。隨着生產技術的進步，由於人們所定居的土地的差異，農業與牧畜的專門化便發生出來。農業是在森林河谷地方發達的，牧畜是在草原地方發達的。農業經濟與牧畜經濟的差別，引起了農業民族與牧畜民族的生活形態的差別。遊牧民爲了飼養家畜，不能不追逐水草地而營生活，他們當然還保存着狩獵的習慣。他們組成大羣，由肉類的經濟進到乳類的經濟，財富就增加起來。這種財富，最初屬於氏族，往後纔屬於個人。農業與定居相結合，耕種的土地，最初屬於氏族共有，往後纔變爲私有。

在第一次大分工之後，又發生了第二次的大分工，即手工業從農業與牧畜分化出來了。這種手工業，最初是陶器業，其次是紡織業，其次是金工業等等。在從前，勞動的器具極其原始而素樸，任何人都能製造，往後器具逐漸變得複雜而精巧，如不是熟練的富有經驗的人就不能製造。這是專門手工業出現的原因。不過這種專門的手工業，在最初隸屬於氏族共同體，還不能獨立營生。至於單靠做手工業而取得生活資料的事情，那是後來纔實現的。

第一次大分工出現以後，發生了交換的可能性。說到交換，在先氏族社會中，也不是絕對不能發生的。例如在澳洲，適於製作石器的石材、赭石、麻醉性植物等，決不是各種地方都有的。這些東西當然是由交換得來的。又如長於製造投擲石槍的種族與長於製造石斧的種族相遇時，各把所有的器具相交換，如1把斧＝2支石槍之類。不過這種交換，是極其偶然的事情，並且互相交換的東西，還不能說是商品。

自從農業與牧畜分化以後，農業與牧畜兩共同體相遇而彼此都有剩餘的產物時，是能互相交換的，如1隻羊＝8斗米之類。但這種交換，在最初也只是偶然的。經過了相當的長時期之後，交換纔帶有比較的經常的性質。這種交換，是生產力發展了的結果，同時交換也能刺戟生產的發展。譬如說，這兩個共同體如能多生產一些剩餘生產物，就能多換得一些別樣的食物。隨着共同體之間交通的頻繁，互相交換勞動生產物的共同體，可以由兩個增加到三個或四個以上，並且拿出交換的生產物，也可以在農產畜產以外，添加一些魚類、器具類等等。

但氏族社會中的交換，最初在共同體相互間實行，至於共同體內部的交換，却是在私有財產發生的過程中出現的。

基於上述的情形，生產個別化的傾向，隨着社會的分工的發展而愈加擴大了。因而個別化的生產與集團的占有間的矛盾，也隨着發展起來，表現出生產力與生產關係間的矛盾的程度了。但兩者的矛盾，在這時還不會發展到拮抗或敵對的狀態。

個別化的生產與集團的占有之矛盾

由於社會的分工之發展，就引起生產個別化的傾向之發展。生產個別化的傾向發展到一定程度時，就至於與集團的共有財產相矛盾。於是生產力與生產關係的矛盾，出現爲個別化的生產與集團的占有之間的矛盾。而這種矛盾的發展，加速氏族社會的發展速度，終至於引起氏族社會的崩潰。以下就這一層作一個比較具體的說明。

前面已經說過，氏族社會的生產關係的基本特徵，是集團的協業的生產、主要生產手段（土地）的公有，與勞動生產物共產主義的分配。但氏族社會的生產關係本身中，存有內的矛盾，即生產力與生產關係的矛盾。就氏族社會的農業共產主義共同體來說，農業的生產是集團的生產，是原始的協業的生產。但這種集團的生產，是在勞動生產力的低級發展階段之下實行的。這種原始協業的集團的生產，與現代工場中的集團的生產，實有天淵之別（現代工場中的生產，與生產力的高級發展階段相適應）。換句話說，氏族社會中那種集團的生產，與當時幼稚的生產力，是不相適應的。這顯然是一個矛盾。所以從氏族制度產生的農業共產主義，從最初起就含有上述的矛盾，即含有自己的否定。這種原始的農業共產主義，無論在什麼條件之下，只有向着否定自己的方向發展，即向着自己消滅的方向發展。

我們已經知道，原始人由飄泊無常的狩獵——採集經濟推移到定居的農業經濟，原是歷史發展的必然的表現；原始人之組成爲農業共產主義共同體，也是自然的必然性的產物。因而原始人用幼稚的生產技術實行集團的生產，依血統關係而團結其所屬的各個人，這並不是他們頭腦中發展的產物，而是自然的必然性逼迫着他們不能不經營那種原始共產主義的生活。所以隨着勞動生產力的發展，從前那種逼迫着人們去經營共產主義的必然性的盲目作用就逐漸衰弱，原始人在生產體系中就逐漸得到某種獨立的可能性，即生產的個別化的可能性。於是幼稚的生產力與集團的生產的矛盾，就在生產的個別化之中得到解決。

生產的個別化的傾向，是在分工的發展過程中顯現的。這種傾向，在性別與年齡別的分工中，已經發生，到了社會的分工出現，纔開始發展，並隨着社會的分工之發展而加強。分工以技術的發展爲前提。隨着分工的發展，氏族共同體經濟中各部分的作業，就逐漸分配於比較有專長的人去擔任了（如農業方面及手工業方面的分工合作等）。這種生產的個別化，是在共產主義的生產關係之中實行的，兩個人的勞動生產物，仍不能不歸屬於氏族共同體，再由共同體實行共產主義的分配。在這種場合，就發生了個別的生產與集團的占有的矛盾。這種矛盾，是氏族社會崩潰的種子。

生產的個別化，又產出個人的私有財產的萌芽。因爲原始社會的生產與分配雖是共產主義的，而個人所使用的器具（又如隨身服物），因爲各人所慣用的緣故，是歸屬於使用人所私有的。隨着生產的個別化的傾向之發展，這種私有的傾向就擴大，而私有物的種類也增多了。這樣的私有財產，是氏族的共有財產的對立物，因而形成了個人的私有財產與集團的共有財產的矛盾。

生產個別化的傾向之發展，能引起氏族共同體的分裂。因爲生產的個別化的結果，在氏族共同體之中，形成許多經濟的細胞，即大家族及小家族。社會的分工，採取各家族間的分工的形態。於是從來的性別與年齡別的分工，由社會的分工所代替，而女子的勞動逐漸由男子的勞動所代替。於是各家族之間，有的主要的從事農業，有的主要的從事手工業（不過農業與手工業並沒有完全分離），顯出了家族間的分工形態。但家族間的這種分工，在最初還只是分任氏族共同體的共產主義經濟中的一部分的作業，其勞動的生產物還交給共同體，從共同體領取消費所必要的東西。這是個別的生產與集團的占有的矛盾的另一形態。這種家族間的分工，是後來的私有財產發生的地盤。

由於生產個別化的傾向之發展，引起了上述種種的矛盾。這些矛盾發展起來，就促進原始共產主義的崩潰。

二 氏族社會的崩潰

私有財產的發生

由於生產個別化的發展與家族間的分工形態之發生，就引起從前共產主義分配方法的變更。在從前，分配的原則，是按照各人的需要而實行的，即是按照人口的多少及年齡的老幼等的原則實行分配的，但到後來，生產的個別化的傾向已經發展，各個人對於某一部分工作的成績的優良，勢必至於得到共同體的公認了。譬如進步了的狩獵氏族中，如有幾個人能够發揮特別優良的獵術，獵取較多的動物，這幾個人的成績，就能博得大衆的讚許。但是這種讚許，不能使他們長久的爲團體而特別犧牲，同時團體也必得對於這些有特別技能的個人給以物質的報酬，纔能刺戟他們去努力發揮手腕，以期獵取較多的動物。在農業共同體中，這種事實的發生，也是必然的。因爲這是促進生產的發達的一種動因。這種刺戟各個人努力生產的分配方法，往後就變爲社會習慣。到了家族間的分工形態出現以後，這種習慣，就逐漸變爲新的分配原理，因而按照勞動以實行分配，而不像從前那樣按照需要而實行分配了。

在基本的生產手段即土地的共有之下，那種按照勞動實行分配的方法，是能够發生的。換句話說，土地雖歸共同體所共有，而共同體的全部生產物却可以不實行共產主義的分配。共同體的全部生產物，除了維持共同體的公共機關所必要的部分以外，其餘是按照各家族的生產的成績實行分配的。固然，分配方法的這種變更，也許經過多年的蘊釀，但個別化的生產與集團的占有之矛盾，必然要促使共產主義的分配方法之變更。

但在土地共有的條件下出現的、按照勞動分配的方法一經實行之後，立即在社會上發生重大的影響。這就是引起土地以外的私有財產的發生，即土地共有條件下的各家族的私有財產之發生。因爲按照勞動實行分配的結果，能够刺戟各家族去努力從事於生產，以期能够分受較多的生產物。於是各家族所分受的消費財產就有多寡的不同，各家族人員的消費的程度，也能因消費人數的多少而有差異。這樣一來，各家族的私有財產便發生了。

牧畜之發生，與各家族的私有財產之發生，大有關係。各家族的「動產之蓄積」，多由家畜開始。因爲在這種時代，家畜的飼養，不需要集團的操作，反而強有力的助長了生產過程的個人化。於是家畜的私有，逐漸代替了家畜的共有。例如牛、馬、猪、羊及鷄鴨之類，每一個家族都能豢養。這類家畜的豢養，對於農業的經營甚爲有利，而家畜的繁殖，就增大了家族的私產。所以一般學者都認定家畜是原始共產主義崩潰的原因之一。

由於各家族的私有財產之發生，分工就在私產制之下進行了。私產制之下的分工的發展，促使各家族的剩餘生產物轉變爲商品。於是交換就不僅在氏族共同體相互間實行，並且也在氏族共同體內部各家族間實行了。每個家族都能把自己的剩餘生產物交換他家族的別種剩餘生產物，以滿足自己的需要了。這種商品交換的發生，又能夠促進分工的發展。農業生產部門中可以分成米、麥、蔬菜、瓜果及其他種種獨立的各部分的分工；手工業的生產部門，可以分爲陶業，紡織業、器具業、建築業、鑛業等獨立的各部分的分工。各家族可以各做一種專門產業，可以拿自己的專門的生產物換取自己所需要的別的商品來生活了。於是一切的生產物，都當作個人的私有的生產物來生產，其中的一部分，用來滿足自己的需要，他一部分用來滿足他人的需要（即爲交換而生產）。所以最初的分工，不能使生產物變爲商品，而能使生產物變爲商品的前提，實在只是私有制之下的分工。

私有財產發生以後，各家族之間必然發生富裕和窮乏的差別。窮乏的家族如要向富裕的家族求取什麽物質生活資料，當然不是沒有條件的。這就是附有利息的借貸。於是貧富的差別，在一定條件下變爲債務人與債權人的差別。

由上面所述的看來，原始社會中生產力的低級水準與集團的生產關係的矛盾，逐漸的發展起來，產出生產個別化的傾向。這生產的個別化的發展，引起個別化的生產與集團的占有之矛盾。這種矛盾發展到一定的階段，就發生質的變化，轉變爲牠的反對物，發生出社會的生產與私人的占有的矛盾。這種矛盾，是私有制之下的各個階段上社會之根本矛盾。

氏族共同體的崩潰過程

各家族的私有財產的出現，就引起氏族共同體的崩裂。在家族的私有財產發生之時，基本的生產手段即土地，還是屬於氏族共同體所共有的。在這種場合，各家族的私有財產與共同體的共有財產，處於對立狀態。這種對立的發展的結果，私有財產便腐蝕了共有財產，因而促使氏族制度的消滅。以下我們說明這個過程。

由於生產技術的發展與生產個別化的發展，勞動生產力就逐漸的增高了。勞動生產力的發展，引起集團的生產方法與分配方法的變更，因而引起私有財產對於共有財產的否定。

就農業的氏族 同體來說。農業共同體，在最初時候，共同體全部人員，都使用石器（

如石鋤之類）共同耕種所占領的土地的。這時的農業，是伐採農業，即是把原野的森林燒燬，開墾出農地來耕種。他們還不知應用肥料，只知利用自然的肥沃程度，一年一年的耕種，等到地方枯竭之後，纔另行開墾新土地來耕種，把原來耕種的土地荒棄。例如巴寧格士人，每隔二三年開墾新耕地耕種，使舊耕地休息，藉以恢復其地力。這樣依次進行下去，直到後來，才再行耕種從前所荒棄了的、肥沃程度恢復了的土地。這時的耕種、播種、收穫等事，都是共同經營的，所得的農產物也是按照需要實行分配的。往後新的農具以及金屬器具（最初是銅器，其次是青銅器，最後是鐵器）出現了，基於多年的經驗，人們的農業生產技術也進步了。於是從來要靠共同體全部人員的努力才能耕種的土地，現在可以由比較少數的人們去耕種了，因而共同體的耕地面積也比較以前擴大了。到了耕地面積不能擴大時，就不能不把荒棄的耕地的從新耕種年限縮短。例如伊拉瓦其河流域的土人，舊耕地要荒廢二十年至四十年之久才從新墾種，而卡倫土人却只把舊耕地荒廢三四年，這是表明農業技術進步，而土地利用的次數也增加了。後來的三圃農法或輪流耕種法，就是照這樣演進而來的。

由於灌溉，施肥，深耕等技術的出現，農業上的勞動生產性進步了。原始的單純協業的集團的生產過程，漸漸的引起個別化的傾向之發生。農業方面的生產個別化，促使農業共同體分解爲許多小的生產的集團。這些小的生產集團，就是上面所說的那種大家族和小家族。例如巴甯格人的各農業的村落，由幾個家族組成，每一家族住有三四對夫婦；又如巴凱里人的一個部落，由三個大家族組成，住有四十人。像這類屬於一個共同體的各生產集團，一旦各自分離以後，共有的土地的耕種方法，首先就要改變。即是說，共同體所共有的土地，不能不按照各生產集團的生產能力，用一定的方法，分配給他們去耕種了。例如曼坦土人，荒地的墾種，由村落全體協力而行，而其他土地的耕種，卻分配給各大家族實行。像這樣把土地分配給各家族耕種，集團的耕種方法，已經變爲個別的耕種方法。至於土地所有權，仍歸共同體。各家族所得的農產物，在最初雖歸共同體按照一定方法分配，但到後來，就不能不按照勞動去分配了。

其次，共同體分配土地給各家族耕種的年限，在最初是三年，往後逐漸延長至四年、五年、十年、二十年，最後就不再行分配了。各家族所分得的土地，最初是有一定的界限的，如墨西哥灣印第安土人，各大家族都把所分受的土地用一條草地或木標圈圍起來。這種地界，往後就變爲各家族的私地的境界了。

各家族所分受的土地，最初是屬於共同體所有的，往後因爲各家族的私有財產的差別、勞動生產性程度的差別等等條件，分配的年限一再延長，最後各家族把所分受的土地，據爲私有，不再交還公家去實行從新分配了。從此，農業共同體所公有的土地，除了山林、荒地、牧地等之外，其餘都變爲各家族的私有物了。

於是，技術的成長、生產的個別化、生產過程的分離等等，就毀壞了原始共產主義的基礎即集團的財產。因而原始社會就崩潰了。

土地的私有與階級之形成

由於分工的發展，女性的勞動，逐漸移到男性勞動的領域，而男性在經濟上的地位就逐漸增高了。男性經濟勢力增高以後，女性就逐漸退居於男性的補助者的地位，因而產生了家族制度之革命的變化，即父系氏族代替母系氏族而起了。於是婚姻關係，就逐漸變得以男性爲中心而實行了。於是氏族共同體，由於父系氏族的構成上的各種特徵，現出了較新的姿態。但氏族制度的基本特徵，在私有財產和階級沒有發生以前，依然是和從前一樣的，因爲制度的變化，並不與階級的衝突相聯繫，但氏族制度崩潰的先兆，在這時已經潛伏着。

由於技術的進步與分工的發展，勞動生產性大大的發展了。農業與手工業各部門的剩餘生產物比較從前也顯著的增加了。各家族的生產的發展，都感到了勞動力的缺乏。而供給勞動力的源泉，是氏族時代的那種猛烈的種族間的戰爭。戰爭的結果，一方勝利，一方慘敗，而慘敗種族的人民，就變爲勝利者的俘虜。這種俘虜，在從前生產力不發展的時候，不能有剩餘生產物養活他們，並且也不需要他們的勞動力，所以對於他們只有施行慘酷的毒殺。但是到了現在，對於勞動力的需要增大了，所以得到俘虜，就把他們養活起來，使他們從事於生產上的勞動。於是這樣的俘虜，就變爲最初的奴隸。於是主人與奴隸，出現爲歷史上第一次的社會的大分裂。

奴隸是各家族的私有物，他們和家畜一樣，成爲所謂父家長的私有財產。但最初的奴隸，也是當時家族的構成分子（也和家畜成爲家族的構成分子相同），家長之利用奴隸勞動，主要的還是生產自家所需要的生產物。這就是所謂家長制之下的奴隸制。

另一方面，各家族長的財產多寡的差別，變成貧富的差別、債務人與債權人的差別。各家族長在血統關係上雖很親密，而在財產關係上却很疏遠。財產關係，逐漸的變成斬斷血統關係的利刀。因而私有制度，便摧毀了氏族制度。同一血統的兄弟們，分裂爲貧富兩個階級了。

隨着私有制之下的分工的發展，商品的生產與交換就發展起來。到了媒介商品交換的貨幣那東西出現以後，社會上又發生了新的分業即商業。而專營商業的商人，就成爲社會的寄生蟲而出現，並促速氏族制度的崩潰了。

在土地變爲各家族的私有物之後，貧人向富人借貸，就用土地做抵押了。貧人無力還債，土地就被富人沒收。至於無土地的貧人借債的抵押品，就只有用兒女去充當了，到了無力還債之時，兒女就被富人沒收爲奴隸。於是從前只用他族人做奴隸的，現在也可以用同族人做奴隸了。

總起來說，氏族社會，發展到這種階段，私產制確立了，商業與貨幣出現了，利息的借貸流行了，土地的所有權及抵押權也都盛行了。這些事實的必然的結果，財富就迅速集聚於少數人，貧困就集中於多數人。窮人多而做奴隸的人也增多，於是強制的奴隸制度就成立了。

氏族社會發展到這個階段，氏族制度就迅速崩潰。諸氏族與他種族混居，奴隸、主人與外方人雜處，人與人之間的生產關係既然大生變化，社會的編制也大生變化。利害關係的衝突，削弱了親族關係的情誼，氏族組織之團結力鬆懈下去，各個人謀利益的自私心緊張起來，而血統關係的紐帶，決不能結合他們。社會顯然的分裂爲奴隸與主人、窮人與富人對立的社會。於是氏族社會的經濟形態告終，而奴隸制的經濟形態代與了。

習題二

一、人類的起源與勞動的關係如何？

二、人類社會最初時期的生活狀況如何？

三、先氏族社會的經濟的特徵如何？

四、先氏族社會的生產關係與婚姻關係，有何關聯？

五、原始人由飄泊生活到定居生活的轉變過程如何？

六、採集——狩獵經濟與生產經濟的區別如何？
七、農業如何發生？
八、牧畜業如何發生？
九、氏族社會與先氏族社會的區別如何？
一〇、氏族社會的生產關係之特徵如何？
一一、交換如何發生？
一二、私有財產如何發生？
一三、階級如何發生？
一四、簡述原始經濟崩潰的過程

第二章 奴隸制的經濟形態

第一節 奴隸制經濟形態的發生與發展

一 奴隸制的形成

奴隸制的經濟構造，是最初的階級社會的經濟構造。奴隸制的社會，是在原始社會的母體中孕育起來的，牠否定了原始社會，並把社會推進到較高的發展階段。

奴隸制發生的前提

奴隸制的經濟構造之發生，有兩個前提：第一個前提，是原始社會末期中發展起來的生產力水準的增大。生產力增大的結果，勞動生產性被提高起來，因而利用俘虜爲生產的奴隸一事，就變爲有利。因爲要利用奴隸來作工，必須具備兩種東西：一是奴隸的勞動手段及勞動對象；二是維持奴隸困苦生活的資料。所以在奴隸制成立以前，先要使生產的發展達到某種程度。換句話說，即農耕家族中原始的分工，一到財富發展到一定階段時，就能吸收家族以外的人們的勞動力。生產發達起來，人類的勞動生產力，除了維持本身生活所必要的資料以外，還能有多餘的生產物；這時，旣有可以維持較多勞動力的生活資料，又有可以使用這些勞動力的工具，於是勞動力便取得了價値。而這種過剩勞動力的來源，便是戰爭。戰爭所得的俘虜，在以前是被屠殺或烹食的，到這時便把他們用來作奴隸了。

第二個前提，是農村共同體內部發生的財富的不平等。在這種關係上盡最重要任務的，是兒子對於父親財產的繼承權。由於財產的繼承，就加強個個家族的意義，犧牲其他家族，而使財富集中於某些家族之手；同時，同一家族的分子，也發生了分化的現象。這種財富上不平等的繼續增大，終至破壞了大家族。社會有了貧富的區別，貧者因向富者借貸而不能淸償之時，債權者就有迫使債務者爲奴隸甚至擊斃的權利。於是破產的家族，就變成了奴隸制的來源。

希臘奴隸制的形成

奴隸制在其發展過程中，最初是「家長制的奴隸制」。這是一團自由人和非自由人，在家長的父權之下，組成一個家族的制度。所以「家長制的奴隸制之本質，是非自由人的同化與父權」。奴隸是家族中最下層的分子，家長本身也要從事肉體勞動。當時奴隸較少，他們多被用在家內經濟方面，所以對於奴隸的剝削，帶着比較和緩的性質。

但是，奴隸的使用，增大了家族生產的可能性和範圍，產生了以交換價值爲目的的商品生產。隨着生產力的擴大，引起了手工業與農業的分離和商業的發達。最後，原始共同體的家內經濟，便被破壞，而第三種分工，便發生了。卽產生了不參加生產物的生產而只從事生產物的交換的商人。

於是，在富裕的家族中，奴隸便從補助的生產力轉變爲替自己主人創造剩餘生產物的基本生產力了。因此，對於奴隸的剝削，也採取了非常殘酷的形態。過度勞動，達到可怕的程度。強制勞動，在這裏是過度勞動的公認形態。

以上是從原始社會到奴隸制社會的轉變過程，也就是社會開始分裂爲主人與奴隸、剝削者與被剝削者的過程。

奴隸制經濟構造的例子，在西歐二千年以前的希臘和羅馬，成就了最高的發展。我國殷代的社會，也有奴隸制存在的痕跡。奴隸制是社會發達過程中所必經過的階段；世界任何民族的歷史，都曾通過了各種各色的奴隸制的階段。現在我們可以舉出典型的希臘羅馬的奴隸制發生的過程來說明。

約在紀元前一千二百年到一千年的希臘經濟組織，是自然經濟，居民的主要生活，是農業和牧畜。手工業和商業，都不大發展。這時的商業，還在腓尼基人手中。在希臘人之間，還沒有貨幣，各人的財富，用家畜的多少和土地的廣狹來估量。這時的社會秩序，是氏族制到奴隸制的過渡。家族帶有父家長的性質。經過相當期間，這種制度，就發生了變化。交換的發達，手工業及商人的出現，增大了商品的需要，擴大了生產的範圍。於是人們不僅在家內經濟使用奴隸勞動，在手工業的工作塲，也廣泛的使用奴隸勞動，以製造商品了。譬如在希臘的工商業地方，奴隸勞動，廣泛的被用於經濟活動的一切領域，即用在家內經濟、手工業、鑛業和運輸業等。此外，商店營業員、會計師、公私事務員及奴隸監守等職務，也多由奴隸去充任。希臘各國相互間無數戰爭的結果，俘虜轉變爲奴隸的人數逐漸增多，加以商人在希臘殖民地（即在巴爾幹半島北部及黑海沿岸各地）又販入了許多奴隸。奴隸的人數增多以後，奴隸生產也擴大了。於是，奴隸制的基礎便建立起來了。

羅馬奴隸制的形成

羅馬，最初是和許多其他希臘及意大利共同體相似的一個共同體，羅馬人民，都從事於農業和牧畜。在這個時代，人民分爲幾個集團，即較舊的貴族(Potri cians)、與在人格上隸屬於貴族的庫里恩特斯、以及沒有政治權利的平民（蒲列布斯）。父家長制的貴族的家族，保存着氏族的制度。國家的土地，屬於貴族的全共同體。各家族長，都從這共同的土地取得必要的土地。世襲的土地，只限於小塊的園圃。庫里恩特斯是從他們的主人（貴族）領受土地，但須對主人履行一定的義務以爲代價。平民是土地所有者，各家分別經營農業。

經過相當期間，羅馬及其各地方的經濟，都起了變化。因爲希臘人和腓尼基商人的侵入羅馬，刺戟了羅馬的商業，加以羅馬人在台伯河(Tiber)口得到自己的港灣，對外商業的交通更爲利便，所以手工業和商業便發達起來，而貨幣經濟便形成了。這個時候，還出現了專營商業的居民階層，即騎士。他們和氏族的貴族衝突。平民也開始要求政權，經過堅決鬥爭之後，對於氏族的貴族得到了政治的平等。這樣就奠定了新秩序（奴隸制）的基礎。同時由於羅馬征服附近各族，把被征服地的共同體人民賣爲奴隸，更加促進奴隸生產的發展。

在羅馬，奴隸勞動的使用，比希臘更爲普及。但是，因爲羅馬是農業國，所以奴隸勞動，用在手工業方面的較少，而主要的是用在農業、鑛業方面，或充當家內僕役等。

從原始社會到奴隸制社會的轉變，並不是自然發生的，也不是和平進行的，而是以革命的方法推動的。

如希臘羅馬史料所載，這個革命的主力，首先是基於分工和貿易而富有起來的非氏族貴族的家族；其次是在氏族貴族的壓迫之下破產了的許多小生產者。這兩者互相結合，對於氏族的貴族實行了革命的反抗。結局，在紀元前七——六世紀，氏族制度就被革命廢除了。

革命成功的結果，是人們可以自由處理財產，可以把財產轉給族外人，人民之地域的分配代替了聚族而居的生活，並引用合法的處罰，禁止借款者用人體做抵押的放款。所有這些革命的方法，都給氏族以嚴重的打擊；並且對於大奴隸生產的發展，造成有利的前途。

所以，雖說參加反對氏族的革命鬥爭的，不只是新起的奴隸所有者，還有大批小地主。但得到勝利的實益的，却是奴隸所有者。

氏族的貴族消滅以後，一般小生產者也因爲他們不能和廉價的奴隸勞動相競爭而破產了。於是奴隸制生產的基礎，就越發穩固了。

二　奴隸制經濟構造的特徵

奴隸制發生的歷史過程，上面已經簡單的說明了，現在進一步說明奴隸制經濟構造的特徵。

當作經濟範疇看的奴隸

在說明奴隸制經濟構造的特徵時，首先要說明的，是奴隸的特質。奴隸是一個自然人，只有在一定關係之下，他纔變成奴隸。恰如紡織機器就是紡織棉紗的機器，只有在一定關係之下，牠纔變成資本。所以，奴隸是一種經濟的範疇。

當作經濟範疇看的奴隸，首先是一種財產，是物品，是商品。奴隸制下的奴隸，與現代社會的勞動者根本不同的地方，就是：在後者方面，看來好像是自由的，因爲他一次一次的出賣自己的勞動力，並且購買了他的勞動力的人，不能把他的本身轉賣給別人。而奴隸却是一次把身體賣給別人的，他是一個主人的所有物，他只被認做一個物品，而不是社會的一員。所以，『奴隸的勞動，不是工資勞動即自由勞動。好像牛馬沒有出賣牠們的勞動於農夫一樣，奴隸並沒有把他的勞動賣給奴隸所有者，而是把自己本身和自己的勞動一起並且一次的賣給奴隸所有者。所以奴隸本身，是一種商品，而勞動力不是他的商品』。因此，『奴隸的買賣，形式上是商品的買賣』。

照這樣，奴隸在流通過程中，當作商品而出現。這時，奴隸本身與他的勞動力合在一起，成爲一個商品。

然則奴隸在生產過程中的任務怎樣呢？在生產過程中，奴隸的任務，是二重的：一方面，奴隸是生產手段；另一方面，他是勞動者。

在奴隸制之下，直接生產者本身，變成了生產手段。換句話說：即直接生產者本身，是勞動的客觀條件，所以，在奴隸的方面，生產手段也被剝削了。

奴隸在生產過程中，盡了固定資本的任務。『在用現金購買奴隸的奴隸所有者看來，奴隸勞動的收益，不過是代表買入奴隸時所投下的資本的利息』。因爲『奴隸所有者購買勞動者，和他購買牛馬是一樣的。他買入奴隸時，失去一部分資本，而這些資本，由於奴隸市場中新的投資，就被收回了』。照這樣看來，我們知道，在現代社會，勞動家畜是一種固定資本；同樣，在奴隸制之下，與勞動家畜被同樣看待的奴隸，不消說，也是一種固定資本了。

『在奴隸制之下，投於購買勞動力的貨幣資本，盡了固定資本的貨幣形態的任務。在雅典人看來，由奴隸所有者直接在產業上使用奴隸或間接出借奴隸於其他產業使用者所造出的利得，是借貸貨幣資本的單純利息。這恰如在現代的生產中，產業資本家把剩餘價值的一部分和固定資本的磨損部分，當作他的固定資本的利息或收回部分來計算，是一樣的』。所以，『在奴隸制之下，勞動者具有一種資本價值即購買價值。並且當租用他時，租用人必須先要支付購買價格的利息，以補償資本每年的磨損部分』。

依照以上所述，可知奴隸是生產手段，是替奴隸所有者造出利息的「固定資本」。但是，他方面，無疑義的，奴隸又是勞動者，即是與生產手段（與奴隸本身不同）結合纔能開始生產過程的直接生產者。『奴隸是「能說話的工具」(instrumentum Vocale)，與「半有聲的工具」(instrumentum Semivocale) 的動物或「啞叭工具」(instrumentum mutum) 的死的勞動工具不同。但是，勞動者本身感覺到他們和動物或勞動工具不是同類，他們是人」。當作勞動者看的奴隸，是用別人的勞動條件來勞動，不是獨立的勞動。

「在奴隸經濟中，當作奴隸的代價而支付的價格，不外是從奴隸搾出的預想的且被資本化了的剩餘價值或利潤。但是，爲購買奴隸而支出的資本，不屬於藉牠去從奴隸搾出利潤或剩餘價值的資本，而是相反。牠是奴隸所有者讓出的資本，是由他在現實生產上所處理的資本中扣除的部分。這如同爲購買土地所投下的資本，不屬於農業者一樣，爲購買奴隸而支出的資本，也是不屬於奴隸所有者的了。最好的證據，是當奴隸所有者或土地所有者再出賣其奴隸或土地時，當初投下的資本，便可以再收回來。奴隸所有者只是購買奴隸，並未給他以剝削奴隸的能力；他投入奴隸經濟本身的其他資本，纔給他這種能力」。所以，當作勞動者看的奴隸，只有同奴隸所有者的生產手段結合起來，纔能替自己的主人創造剩餘價值。

總之，當奴隸變成每年再生產的要素，並且在「正常的」市場流通中出現時，他纔具有價值，纔是造出利息的「固定資本」或「不變資本」。當他被人購買而在再生產上具有必要的勞動力時，他就盡了「可變資本」的任務，而造出「剩餘價值」。最後，當奴隸只是由於單純的征服而被占有的「自然物」時，他就沒有價值，只出現爲獨占的所有之對象，作爲補充的附屬物，借助資本以造出「地租」。這樣，我們在古代奴隸制中，看到主觀的及客觀的勞動條件之最初的未分化的統一。

奴隸勞動的剝削形態

奴隸制經濟構造的主要特徵，就是：奴隸沒有生產手段，並且不能處理自己的勞動，如上所述，奴隸根本在人格上就隸屬於奴隸所有者，奴隸所有者，用超經濟的方法，迫使奴隸工作，並力圖在最短期間，從奴隸身上榨取最多的生產物。

『所以，奴隸經濟的格言，就是，在最短期間，從人類家畜（human cattle）榨取最多的勞動，便是最有效的經濟』。這就是奴隸所有者榨取的根本原則。

對於奴隸的剝削方式，普通有兩種：第一，奴隸所有者，在自己本身的經濟中，直接利用奴隸勞動；第二，購買奴隸，專供別人僱用。在希臘和羅馬，有許多奴隸所有者，本身不經營任何產業，他買好奴隸之後，是以一定價錢和期限貸與需要者。例如在希臘，當五世紀時，大奴隸所有者尼基，專門從事奴隸的「租賃」。在使用奴隸勞動的拉維利昂的國有銀鑛中，僅尼基個人，就有一千多個奴隸，專供開採鑛山的各企業家僱用。

使用奴隸勞動最多的是雅典。『最盛期的雅典全部自由民，連婦女和兒童在內，約爲九萬人，此外便是三十六萬男女奴隸和四萬五千被保護民——外國人及被解放者。所以每一個男市民，至少有十八個奴隸，和二個被保護民。多數的奴隸，都是在手工工場中，在監督者的嚴厲監視之下工作』。

在意大利，主要的採用奴隸勞動的生產部門，不是工業，而是農業。『在意大利，從共和制末期以來，差不多全領域的大私有地（Latifundium），通常都以兩種方法來利用：第一是牧場，在這裏，牛羊驅逐了居民，不過對於牛羊的照料，只需要很少的奴隸；第二是莊園，這是一部分爲了所有者的奢侈，一部分爲了向都市市場販賣，而利用大批奴隸，以經營大規模的園藝』。

奴隸的工作場，在希臘，大都是小規模的，普通只能容納五十人；較大的企業，也有可以容納一百個奴隸勞動者的。奴隸的工作時間很長，飲食很壞，監督者拿着鞭子指揮他們工作，往往因一點小過失，就把奴隸處死。

紀元二世紀以後，羅馬的大私有地增多，奴隸所有者，利用廉價的多數奴隸，耕種土地。在大私有地上耕種的奴隸數，多到數千人。奴隸們被分爲若干隊，都帶着鐵鎖，在殘酷的監督者的鞭笞之下，在極苛刻的條件之下去工作。『這種監督工作，在立脚於直接生產者的勞動者與生產手段的所有者之對立的一切生產方法之下，是必要的。兩者的對立愈大，這種勞動者的監督所盡的任務也愈大。所以，牠在奴隸制度之下，達到了最大的限度』。

奴隸工作場的組織，是很原始的。奴隸使用粗陋的簡單的器具去工作。奴隸所有者不把複雜的器具交給他們，因爲他們忿恨主人，忿恨過度的勞動，往往故意把作工器具毀壞，或者對於器具漠不關心，所以他們的主人只能給以粗惡耐用的器具。因而奴隸制社會的生產，是不能改進的。

此外，關於家內經濟所使用的奴隸的地位，我們可以在紀元前二世紀有名的羅馬政治家兼地主的加特傳記中看出來。『加特私有多數的奴隸，這是從俘虜的年少者中買來的，即被他購買的奴隸的年齡，必須像小牛小馬一樣，能夠易於養育和訓練。在他的奴隸之中，除了他本人或他的妻子使用之外，誰也不准走到別人家去。如果有人質問奴隸：加特作些什麼事情？奴隸是完全不知道的。奴隸在家裏，不是作工，就是睡覺。當加特看見奴隸正在酣睡之時，他就非常滿意，因爲他以爲這樣的奴隸，比醒得快的奴隸老實，並且睡眠充足的奴隸，比睡眠不足者，適於勞動。……當他宴請友人或同事時，如果認爲那個奴隸在食物的準備或服侍上不周到，在吃飯以後，便立刻用皮鞭抽打犯罪者。他不斷的在奴隸之中挑撥是非，因爲他知道，奴隸的一致，對他是最大危險。當奴隸作了重大的犯罪行爲時，加特就認爲有在全體奴隸面前裁判的必要；並且裁判完畢，便處以死刑』。

中國殷代的生產事業，也都是用奴隸勞動去經營。據甲骨文及易卦爻辭所載，如奴、僕、役、臣、妾、奚、豎、婐、姘、俘、小人、僮等，都屬於奴隸階級。至於奴隸所有者，大都是貴族、工商業者一流人。奴隸勞動的領域，是農業、手工業、及牧畜業等，也有爲貴族服役，或學習歌舞，或參加戰爭，甚至被用爲祭祀的犧牲。

在奴隸及奴隸所有者之外，還有所謂「畜民」。這種「畜民」，與希臘的貧窮自由民和羅馬的平民相似。

奴隸制經濟的自然性質

奴隸所有者的經濟，在其本質上是自然經濟。這種經濟的基礎，是奴隸所有者利用直接的物理的強制占有奴隸的勞動。因爲『奴隸市場，不斷的由戰爭海上掠奪來供給勞動力的商品』。

『資本主義的方法，與奴隸所有者的制度不同，前者是以「自由意志的」販賣爲媒介，而後者，剩餘勞動是由直接的強制榨出的』。所以，奴隸制與資本制是不同的。在資本制之下，生產以勞動力的商品化爲基礎；在奴隸制之下，勞動力不是商品，只有奴隸本身是商品。

在奴隸制支配之下，資本關係，常出現爲散在的、隸屬的東西，決不出現爲支配的東西。所以，一般的說來，奴隸的基礎，與資本主義的生產方法的概念，是矛盾的。在奴隸制的生產方法之下，自由的工資勞動的關係雖已存在，然而這只是孤立的散在的萌芽，在數百年之間和奴隸並存着，直到歷史條件成熟時，才發展到資本主義的生產方法。

在資本制之下，商品——貨幣關係，包攝着全經濟生活，即一切東西都是商品。在奴隸制之下，『生產物的大部分，沒有進入流通，沒有走進市場，這些不是當作商品生產出來的，因而沒有變成商品』。所以『在古代的生產方法中，生產物向商品的轉化，以及當作商品生產者的人們的存在，只不過盡了一種隸屬的任務』。

那時的貨幣雖然也發生了重大的作用，但牠決沒有貫澈於一切經濟關係。例如在羅馬帝國，當貨幣經濟達到最大的發展時，現物税及現物支付等，仍然占在支配的地位。而貨幣制度，只在軍隊上成就了相當的發展，但決沒有普及於勞動的全領域。

所以，在奴隸制之下，市場的作用很少。奴隸所有者購買大批奴隸，在自己的經濟上利用，增進自己的資產，有時可以不依靠於市場。所以，奴隸所有者的經濟，尤其是農業經濟，在某種程度上，帶有自然的性質。即是説，人們只買進自己經濟中所沒有的製品或原料，賣出自己所不能消費的生產品。

大奴隸生產的優越性

在奴隸制之下，奴隸勞動的利用雖普及於一切經濟活動的領域，但同時自由民的自由勞動，也是很普及的。我們在希臘羅馬的工農業等經濟部門，也看到大規模的自由勞動，即許多小生產者的自由勞動。不過這類自由勞動，隨着歷史的發展，在質與量的方面，只顯出很小的作用。古代社會的指導的剝削形態，仍是奴隸制。

隨着奴隸制經濟的發展，自由的工農業者的勞動，就失其意義。因爲發展了的大奴隸生產，比較獨立的小生產，仍舊具有許多優點：第一是奴隸勞動力之相對的低廉；第二 奴隸勞動之野蠻的榨取；第三是奴隸制生產規模之相對的宏大；第四是奴隸制生產的單純協業的效力較大，並可以節省生產費；第五是大生產對於商業資本與高利貸資本的依賴性較小。大奴隸生產，因爲有這些優點，所以能壓倒獨立的小生產，使小生產者大衆逐漸陷于破產的境地。小生產者大衆破產以後，他們首先轉變爲貧民，最後轉變爲流氓無產者。

『古代羅馬的平民，最初是依照自己的計算耕種自己的土地的自由農民，後來他們漸漸被剝削，而同時這種促使他們和生產手段及生活資料分離的運動，就引起了大土地所有及大貨幣資本的形成。於是在這里，一方面出現了除勞動能力以外別無所有的自由人；他方面出現了獲得一切財富（以剝削勞動）的所有者。那末，以後怎樣呢？羅馬的普羅列達里亞沒有變成工資勞動者，而是變成了怠惰的暴民，即比北美南部各州「貧窮白人」(poor white) 的道德水準還要低下的流民 (mob)，同時，形成並繁榮起來的，不是資本主義的生產方法，而是奴隸的生產方法』。

總而言之。奴隸制秩序下手工業企業的發展，以及大土地私有的形成，一方面，引起大奴隸生產的形成，他方面，引起特殊的流氓無產者——憎恨勞動的流民階層的形成。

奴隸制下農業的地位

在古代社會，有許多地方，工業的發展雖然很高，但農業，仍然占在支配的地位，並且給與社會關係以獨特的印象。『在定居的農業民族中，好像在古代的或封建的社會一樣，當定居的農業占支配地位時，工業及其組織，甚至與牠相適應的所有形態，都多少帶着土地所有的性質。這時的社會，或是像在古代羅馬一樣，完全依存於農業；或是像在中世紀一樣，在都市或都市關係上，模倣農村的組織』。——『在土地私有所支配的一切形態中，自然關係，也是支配的』。恩格斯認爲農業是「全古代社會」的經濟的主要部門。他說：『古代的共和政治，是基於農業都市；羅馬帝國，是基於大土地私有』。甚至在手工業比較發達的希臘，在紀元前五世紀末及四世紀初，土地所有，也盡了極大的任務。

大土地所有，一方面，是古代生產方法的最重要的前提之一；同時，他方面，牠本身又是奴隸制的手段，即大農業制度，造成了階級的對立——奴隸所有者與奴隸的對立。因爲只有在大所有（尤其是土地）的形態之下，才能造出奴隸勞動之廣泛適用的可能性；但是，他方面，也只有在奴隸勞動之大衆的應用之下，纔能形成古代社會的大土地所有。因爲只有在這種條件之下，土地的耕種才能有利。

在奴隸制的生產方法之下，近代意義的地租，是不存在的。那時，地租和利潤，還沒有分離，因爲土地所有者同時也就是資本家。『在這種場合，土地所有者與生產手段的所有者——勞動者（生產要素之一）的直接剝削者，是合而爲一的。同樣，地租和利潤，也是合而爲一的，剩餘價値的種種形態的分離，還沒有發生。這時，表現於剩餘生產物之中的勞動者的全部剩餘勞動，是生產手段（土地與直接生產者本身）的所有者，直接從奴隸身上榨取出來的。這全部的剩餘價値，在資本主義的觀念支配着的地方，牠就被認爲利潤；在資本主義的生產方法以及與牠相照應的觀念形態尙未存在的地方，牠就出現爲地租』。

三 商業資本與高利貸資本在奴隸社會中的地位

我們知道，商業在奴隸生產的發展中，曾經發生不少的作用。因爲大奴隸生產的發達，就發生了多量的剩餘生產物，奴隸所有者不能不把這多餘的生產物，投到市場換成貨幣或買進其他必需品。因此，商業便發達起來了。在古代希臘羅馬，商業成就了極廣泛的發展。

商業的發達及商業資本

希臘的自然條件（例如不甚豐富的土地、金屬、粘土、大理石等），迫使希臘人不能不從事國外貿易。那時，主要的輸入品是穀物。譬如當五世紀時，在雅典的比列斯灣，每年輸入穀物的價值，達到百五十萬元之多，占該港輸入總額的四〇%。穀物以外，還有木材、家畜、蜂蜜、魚類、樹膠、食鹽、毛皮、象牙等等物品。不消說，奴隸也是輸入的一大項目。單只雅典一處，每年就輸入三四千奴隸，其價值約為三四十萬元。

輸出方面，在這里，葡萄酒、橄欖油及種種手工業製品，即武器、日常用具和奢侈品等，占居第一位。在五世紀後半，比列斯一年的交易，達五百萬元，合計希臘全體的總貿易額，約達一億元之多。當時對外貿易的發達，可以想見。

希臘各都市的國內商業，也很發達。各都市中沒有市場，這是由販賣一定商品的「市」（即魚市、菜市等）組成的。交易的進行，多半是在大道或小的天幕裏面，也有常設的店鋪。農民也在市場上出賣自己的生產物。在市場的空地或附近市街上，建立有各種的工作場。

市場之中，還有兌換商人的交易所、供給勞動力的自由勞動者和奴隸的隊伍。此外，爲了維持市場秩序和度量衡的齊一起見，還設有特別的管理人。

羅馬在一、二兩個世紀中，因爲各地方都統一於一個帝國之下，助長了各地方間交換的發達。敍利亞的麻織物、吉爾的紫色染料、亞歷山大的布和玻璃、高盧各地的呢絨等等，都變成了全羅馬帝國的珍貴品。羅馬商人，甚至和印度中國結成貿易關係，從中國輸入生絲、鐵及其他商品。

由以上所述，可知奴隸制社會中商業的作用不少。但是，商業本身，只能對於既存的生產組織，多少給以解體的影響，而不能造出任何新的生產方法。因爲商業影響於舊生產方法的力量大小如何，首先依存於舊生產方法的堅定性與國內的制度。並且新生產方法之代替舊生產方法而起，這件事並不依存於商業，而是依存於舊生產方法本身的性質。

商業及商業的發展，一方面對於大奴隸所有者的大私地、和手工業的奴隸所有者的工作場，給與了創造剩餘生產物的可能性，促使奴隸所有者去加緊剝削奴隸；另一方面，商業的發展，逼迫小生產者們隸屬於商人，或者因而沒落。這是商業的寄生蟲的作用。

大奴隸生產與商業的發展，又引起了貨幣與高利貸資本的發生與成長。貨幣與高利貸資本，在希臘羅馬盡了重大的任務。譬如希臘的銀行業，就是從上述兌換商人的活動發展起來的。因爲希臘的政治上極端分裂的結果，以致存在着多種的貨幣制度，因此，在交易下便感到極度的困難。商人需要有一種通貨能夠很容易的和其他物品相交換，而兌換商人就來滿足這種需要。他們在市場裏設置交易所，以適應外國人或經營外市貿易的商人的需要。他們握有大量貨幣的交易所，兼營高利貸事業。後來交易所更加發展，除了經營不動產、船舶、貨物等抵押放款外，並從事金錢的保管及滙兌業務。交易所的財產，達到極大的規模。譬如紀元前四世紀的被解放者（買回自由的奴隸）伯遜銀行，約有十四萬元的固定資本，僅存款一項，即達十萬元以上。此外，經營大信用業務的希臘寺院的活動，也頗值得注意。寺院常常把信士們所施捨的金錢蓄積起來，積成大量金額，貸給希臘政府，其利率普通爲一〇——一二%；在商業信用中，增高到二〇——三〇%。

高利貸資本的發展及其作用

貨幣資本與高利貸資本，在羅馬成就了非常高度的發展。因爲羅馬是個以小土地私有爲主的農民國家，在發展的貨幣經濟的條件之下，小農業常常需要貨幣，並且不得不在奴隸制的條件之下，向高利貸者借款。當時的債務法，是很亂暴的，凡是不能還錢的債務者，就要被賣爲奴隸，甚或殺死。在這種基礎之上，高利貸——土地所有者的大財產的發達，自是當然的事情。此外，包攬租稅制度的採用，更加促進羅馬支配者的大量財貨的蓄積。羅馬的大貨幣資本家，都爭着把自己的資本，投放於包攬租稅的事業。富豪們用賄賂取得了包攬租稅的權利。這些包攬人，支出一定的金額，取得在各地方利用軍隊力量去強徵租稅的權利。因此，包攬租稅人，便在各處大規模的經營高利貸事業，並且任意剝削人民。他們又是銀行家，同時經營存款和放款的業務。在包攬租稅及高利貸業的基礎之下，羅馬的經濟生活，就帶有非常濃厚的投機的性質。在羅馬，拿土地、房產、奴隸及包攬租稅公司的股分等做投機事業的人，是很多的。

高利貸資本的發展，『並不能改變生產方法，但和寄生蟲一樣侵蝕生產方法並使其趨於滅亡。牠吸吮生產方法的膏血，使牠在極可憐的條件下完成再生產。所以對於高利貸的憎惡，很普及於古代世界。在那裏，生產者對其生產條件的私有權，就是政治關係的基礎、公民的政治獨立性的基礎』。

這種高利貸資本，使奴隸所有者隸屬於自己，並且剝削小生產者。高利貸資本，使奴隸所有者走上盡量剝削奴隸與小生產者——農民與手工業者——的道路。因爲奴隸所有者被高利貸資本吸取的利息愈多，他對於奴隸與小生產者的剝削也愈大。

在奴隸制社會中，商業——貨幣的關係雖然很大，但生產方法的基礎，仍然是自然經濟的性質。所以只要奴隸制還占在支配的地位，雖然奴隸所有者受高利貸資本的支配，而生產方法仍舊是不變的。

其次，還有一事要指明出來，就是：奴隸制經濟所生產的大部分生產物，都在那種經濟部門中消耗，尤其是農業經濟。出賣的東西，只是剩餘生產物的餘額。

若說在資本主義條件下，統治的趨勢，是生產的擴大與生產的消費之成長，那麼，在奴隸經濟條件下，統治的趨勢，便是所謂非生產的消費。奴隸所有者，不把生產物的大部分用在生產的支出方面，而用在消耗（如奢侈品、大紀念物的建築、豪華的宴會、宗教事業）等方面。所以這些奢華的生活，都與剩餘生產物之不生產的消費一事相關聯。

因此，奴隸制社會的商業——貨幣關係的發展水準雖高，作用雖很重要，但奴隸制的生產方法，主要的是自然的生產方法，至於商業和貨幣的關係，僅有次要的作用。

第二節　奴隸制經濟形態的崩潰

一　奴隸制經濟的矛盾及其發展

如上所述，奴隸制的生產方法，曾經推動了生產力的向前發展。奴隸制的生產，比較原始社會的生產和小生產者的生產，都具有很多優點，特別是造出了農業與工業之間的廣大的分工。這是奴隸制社會所以高出原始社會的地方。

奴隸制經濟的矛盾

但奴隸制的經濟，是一種沒有出路的經濟，當牠一旦發展到最高頂點時，就開始走入崩潰的過程了。

奴隸制經濟形態的基本的矛盾，是奴隸制社會的生產關係與生產力之間的矛盾。奴隸制社會的生產力，是繼承原始社會的生產力發展而來的，奴隸制的生產關係，是適應於這種生產力而成立的。在奴隸所有者對於奴隸的剝削形態中，由於奴隸勞動的單純協業的擴大與農業及手工業間的分工的擴大，所以當時的生產力，能夠成就相當的發展。換句話說，奴隸所有者，利用已有的低級的勞動生產性，使用多數的奴隸，從事於農業、手工業、牧畜業等部門的生產，極殘酷的榨取奴隸勞動，取得大量的剩餘生產物。因此，生產力在奴隸制社會的前半期，能夠發展到相當的高度，奴隸所有者，纔能專靠奴隸勞動的結果維持生活，而致力於政治、文藝、哲學等精神的勞動，造出奴隸制社會的燦爛的文明。

但奴隸制社會的生產力，在奴隸制的生產關係中，發展到所能到達的頂點時，就與這種生產關係相衝突。即是說，奴隸制的生產關係，障礙着生產力的發展。我們已經知道，奴隸制生產的特殊性，是奴隸勞動之單純的協業，而這種單純協業，又以奴隸勞動的低級生產性爲基礎。由於奴隸勞動的低級生產性，纔能使大生產的奴隸制生產發展起來；同時，單純協業本身的發展，又依存於奴隸勞動的低級生產性。所以在奴隸制生產方法之下，生產力發展的範圍，比較上原是很狹小的。

奴隸制社會的生產力的第一個要素，是當作勞動力看的奴隸，奴隸只是能夠說話的工具。他們和囚犯一樣，過着動物一般的生活，在主人的鞭笞之下，做種種過度的生產的勞動。他們不但不能受教育，並且連物理的勞動能力也都不能恢復，所以當作勞動力看的奴隸本身，永久不能有進步，即永久停滯在半動物的狀態。生產力的第二個要素，是奴隸所使用的勞動手段。這種勞動手段，也是沒有改善的可能的。奴隸也是人，他們迫於主人的壓力而勞動，當然不能爲主人竭盡忠誠，去加緊工作。他們洩憤的唯一的方法，是故意毀壞作工器具並實行怠工。所以主人總是把粗惡耐用的器具交給奴隸使用。在這種社會中，決不能希望有技術的改良。因爲主人決不願發明精巧複雜的器具給奴隸使用，並且就是有了那樣的器具，奴隸也不能使用牠們。所以奴隸勞動，在根本上原是阻塞技術的進步的東西。被當作動物看的奴隸使用着永不改良的器具去勞動，他們的勞動生產性，必然是很低級的。奴隸所有者們，在那種條件之下，只能適應於奴隸勞動的低級生產性，纔能擴大對於奴隸的榨取。但這種榨取原是有一定限度的。一旦達到這個限度時，那樣的榨取便漸漸的減少，終至於引起社會的崩潰。

奴隸制經濟的這種基本矛盾，可以說是奴隸制的剝削關係與由這種剝削的本質所產生的奴隸勞動的低級生產性之間的矛盾。這個基本矛盾的發展，分化出其他各種的矛盾，形成奴隸制崩潰的各種原因。因而毀滅奴隸制經濟的東西，原是奴隸制本身。現在再把這層意思詳細的說明於下。

奴隸制經濟的矛盾的擴大

第一、奴隸制社會的基本的階級的分裂，是奴隸與奴隸所有者兩大集團。一切的奴隸所有者都是靠剝削奴隸的勞動而生活的。但在奴隸所有者階級中，也有許多階層，即各種大小規模的奴隸生產的經營者的等級。如上面所說，大規模的生產壓倒小規模的生產，因而小生產者就逐漸陷入於破產的狀態，以至喪失其生產手段（奴隸也在其內），而為大奴隸所有者所吞併，因而形成大土地的私有。破產了的生產者，變成了浮浪的無產者。他們却是自由民或平民，或「畜民」，是公民，即是特殊階級。他們不願為別人做奴隸所做的下賤的勞動，而仰給於國庫來生活。他們不事生產，專做虛耗國帑的食客。於是這一方面的勞動生產力就逐漸減退了。於是，踏在奴隸身上的上層階級中，形成了富裕自由民與貧窮自由民、貴族與平民、貴族與「畜民」的對立，因對立而演出長期的鬥爭，因鬥爭而削弱了生產力。

第二、奴隸制生產的技術是永無進步的，這在前面已經說過了。至於當作勞動力看的奴隸本身，在這種社會中變爲生產力最主要的要素。爲要謀奴隸生產的繼續與擴大，當然不能等待奴隸的自然生殖，而不能不另求奴隸的來源。奴隸的來源，除了奴隸市場以外，就是對於異族人的掠奪。爲要掠奪異族人做奴隸，就不能不訴諸戰爭的手段。所以古代希臘和羅馬各民族間的戰爭，主要的目的，是在於獵取奴隸。中國殷代也有同樣的事實。殷代的奴隸，多是被征服的異種民族，如「鄘人」、「羌人」、「人方牧」、「土方牧」、「奄奴」、「邛奴」、「臣呂方」、「俘馘土方」等名稱的奴隸，都是當時被征服的異種民族。殷代「卜辭」中所載獵取奴隸的戰爭也不少。奴隸所有者的國家。就變爲獵取奴隸、榨取奴隸、掠奪異族的強暴的機關了。

由於實行獵取奴隸的戰爭，就消耗了從奴隸身上榨取得來的剩餘生產物。並且，多數服兵役的小生產者，也要在戰役中破產。戰爭之破壞生產力，還是很明白的。

第三、奴隸制社會的剩餘生產物，大都消耗於不生產的方面。大奴隸所有者過着極其驕奢淫逸的生活，他們把生產物的大部分用在奢侈品、大建築、豪華的宴會、或宗教事業等方面。這些都是不生產的消費。隨着奴隸所有者的豪奢生活的增高，生產的奴隸也都被利用於消費的方面。多數的奴隸，或者充當貴族邸宅的奴僕，或者充當專供貴族娛樂的工具（如羅馬的數千奴隸所組成的競技場之類）。於是用在生產方面的奴隸的人數也逐漸減少了。並且，大土地所有者對於農業的經營，因爲土地增大的結果，使用的奴隸數目增多，而監守奴隸、鞭笞奴隸的人數也隨着增多。這種監守奴隸的人，是由奴隸中選用的。在奴隸勞動的低級生產性基礎上形成的這種勞動組織，顯然不是生產的。這一點，表現了大土地的奴隸生產的非生產性。

第四、奴隸所有者的國家，在生產力日趨衰退的傾向中，爲要維持奴隸制的存在，不能不從經濟的掠奪轉變到政治的掠奪，即是用武力掠奪異種民族的土地與人民，維持奴隸制的生產，維持自己的存在。掠奪戰爭的結果，便是：都市的破壞、土地的荒蕪、男子的勦滅與婦女兒童的奴隸化（這種奴隸不能做生產的勞動）。於是奴隸階級的人類逐漸減少，而奴隸制就不能維持。

第五、奴隸制社會生產力的衰退的結果，轉變爲商品的剩餘生產物就日益減少。並且，隨着都市的零落，交換的市場縮小了，商品的流通縮小了，貨幣經濟也萎縮了。於是形成經濟蕭條的狀況。

從上述各點考察起來，我們可以知道，奴隸制經濟崩潰的原因，實是奴隸制社會的基本矛盾發展的結果，因而使奴隸制經濟崩潰的東西，實是奴隸制本身。

奴隸制的崩潰

奴隸制經濟構造的內的矛盾，表現爲各種形態的階級鬥爭。主要的階級鬥爭，是奴隸與奴隸所有者的鬥爭，即是奴隸的暴動。奴隸的暴動，在古代社會的歷史中，是常見的現象。

羅馬在紀元前一八七年，發生了第一次的奴隸暴動，其地點是亞巴那。暴動的結果，奴隸被釘死於十字架的人數，達到七千餘人。第二次奴隸暴動，在紀元前一三四至一三二年，發生於西西利島，參加暴動的人數，前後有七萬人。第三次的奴隸暴動，在紀元前一〇一至一〇〇年，也是發生於西西利島。從一世紀起，奴隸的暴動，繼續了六十餘年，直到羅馬帝國成立，皇帝纔利用軍事權力，把暴動鎮壓下去。但到了二世紀以後，奴隸暴動又從新發生，不久又被撲滅了。中國的殷代，也有奴隸暴動的痕跡。如易經萃卦初六所載：「有孚不終，乃亂乃萃，若號，一握爲笑，勿恤，往无咎」。這是說明貴族勦滅暴動的奴隸的事實的。在古代，奴隸因爲不堪主人的虐待，所以常常成羣的暴動起來，但結果他們橫被慘殺，而奴隸所有者也因此喪失大宗的生產的勞動者，而奴隸制社會的生產力就因此而更趨於衰萎了。

奴隸不是更高級的生產方法的擔負者，不能指導生產力對於生產關係的反抗。他們的暴動，帶有盲目的性質，又是烏合之衆，缺乏組織能力，所以他們沒有領導這種運動轉變到別種路線上去的覺悟和力量。換句話說，奴隸的叛亂，只是縮短奴隸制社會的生命，還不能終結奴隸制社會，不能創造新社會。

其次，消滅奴隸制社會的鬥爭，是奴隸所有者各階層之間的鬥爭。這在希臘是貧自由民與富自由民的鬥爭，在羅馬是平民與貴族的鬥爭。這兩個階層，都是古代國家權力的組織者；他們的鬥爭，是猛烈的政治鬥爭。這種政治性質的鬥爭，是促使古代奴隸所有者國家崩潰的大原因。例如，羅馬的平民的叛變，削弱羅馬國家的力量，因而引起羅馬的滅亡。又如，中國殷代的末年，所謂民衆的叛亂，也是這種性質的鬥爭。商書微子篇所說：「小民方興，相爲仇敵。今殷其淪喪，若涉大川，其無津涯。殷遂喪越至於今」。這就是表明平民叛變因而傾覆奴隸所有者國家的事實。所以古代社會的階級鬥爭，以互相鬥爭的兩階級共同崩壞而告終。

於是我們不能不更進而提起下述的問題：即奴隸制經濟形態如何轉變爲封建經濟形態的問題。

由奴隸制到農奴制的推移

當奴隸制社會的生產力日趨衰退時，奴隸所有者階級的一切物質的精神的文化，就開始沒落了。一切利用奴隸勞動去經營的大作坊的手工業與大私有地的經濟，都已不能得到利益了。這種大奴隸生產，不能造出從前那樣的大宗剩餘生產物，因而商品的供給逐漸減少。貨幣經濟也逐漸衰退，各地方商業上的交通也逐漸切斷了。於是社會出現了一般的窮乏的現象。人口減少，都市零落，於是藝術、文學、哲學、科學等一般的精神文明，也隨而逐漸的消失了。於是，「古代奴隸制的繁榮期，已經過去了。無論在大規模的農業中，或大都市的手工工場中，都不能造出較多的利益」。於是，社會的經濟，又復歸到較低級的階段的農業，即復歸到低級技術的小規模的農業。在奴隸制文明消失的時期，那樣的小規模的農業經營，反而變爲唯一有利的形態。這也是經濟發展的必然的傾向。

在羅馬時代的末年，許多大土地所有者，都把自己的大私有地，分割爲許多小塊，交給奴隸們自己耕種，並給以某種程度的經濟獨立，從他們征取一定的勞役地租或現物地租。於是奴隸們得到一半的解放，而轉變爲大地主的隸農了。此外，這種小塊土地，也有租給自由的小所有者去耕種的。但這種租地耕種的小所有者，不能離開所租種的土地，還須繳納一定的勞役地租或現物地租，於是，這種自由的小土地所有者，也被束縛於土地，而轉變爲隸農了。像這樣的隸農制，在羅馬的末年，已成爲普遍的社會現象。這種隸農制，即是農奴制或封建制的先驅。

中國殷代的末年，也有過和這相類似的制度。如所謂「殷八七十而助」，就是說明地主們把土地分給農奴耕種，從他們征取所謂「什一稅」的地租。

從上面所說的看來，奴隸制經濟向封建經濟的推移，是一種必然的傾向，因而封建制的經濟，決不是憑空的在奴隸制經濟的廢墟上突然生長的。

由奴隸制到封建制的轉變與民族的征服

可是，從奴隸制到封建制的推移，還必須有一種別的動力。這個動力，可說就是民族的征服。在奴隸制社會中自然發生的隸農制的基礎之上，再加上某種民族征服的模型的鑄造，就有轉變爲封建制的可能性。但我們並不是說，封建制完全可以用民族的征服來造成，這是要加倍注意的。

民族的征服這件事實的本身，不能造出新的生產方法。民族的征服對於生產方法的關係，大概可以分爲三種傾向。第一、征服民族，比較被征服民族，如果有進步的生產方法，征服者就依據自己的進步的生產方法，改造被征服民族的經濟。第二、征服民族所有的生產方法，比較被征服民族的生產方法是落後的東西，征服民族的經濟就只有與被征服民族的經濟相同化，而只以榨取被征服者的貢稅爲滿足。第三、如征服者與被征服者的生產方法，都處在同一的階段，那就會發生綜合前兩種傾向的新傾向。這第三的新傾向，不外是由征服民族依照自己的戰鬥的軍事組織，影響於被征服民族的原有的生產力。所謂封建制，是由這第三的傾向形成的。日爾曼民族征服羅馬民族以後所形成的封建制，中國周民族征服殷民族以後所形成的封建制，大體上與上述第三傾向相近似。

日爾曼民族的文化，雖然比較羅馬民族的文化落後，但當羅馬文化衰微之時，兩民族早已互相交通，互相雜處了。當時羅馬新生的隸農，有許多都是日爾曼人。同時日爾曼民族自己的經濟中，也發生了隸農制。等到日爾曼民族征服羅馬民族時，日爾曼民族就依據從來的軍事的戰門組織，把所占領的土地分封於國王的親貴和功臣，使他們變爲封建領主。因而從前在奴隸制社會萌芽了的隸農制，再加上這種軍事的戰門組織的色彩，就發展而爲農奴制即封建制了。所以日爾曼民族勝利的事實本身，並沒有產生任何新的生產方法。日爾曼人戰勝羅馬帝國的事實，的確很迅速的發展了封建的趨勢。但這種趨勢，在羅馬帝國與日爾曼民族之間早已發生、發展了。

中國周代的封建制發生的過程，也有約莫相同的情形。周民族在最初是殷民族所統治着的比較落後的民族，當殷民族的隸農制（即所謂「七十而助」的「什一稅」）之時，周民族也有同樣的現象。殷代的末年，周民族的經濟發展的水平，也趕上了殷民族。但周民族的軍事的戰門組織，比較殷民族却是很特殊的東西。周民族征服殷民族統一「天下」以後，周王就把土地分封於親貴功臣，使他們變成領主，因而使隸農制發展爲農奴制，「殷人的七十而助」就變爲「周人的百畝而徹」了。

二　近代的奴隸制遺物

近代的奴隸貿易

奴隸制的經濟消滅以後，而奴隸制的殘餘，經過長期的封建時代，直到資本主義的黎明期，又曾經復活起來。這樣復活起來的奴隸制，是由各先進資本主義國家實行的，而被當做奴隸的人們，都是落後的民族的人民。

在資本之原始的蓄積時代，歐洲的西班牙、葡萄牙、和蘭、英吉利等國，都用野蠻殘暴的方法，征服新發見的土地，掠奪後進民族的土地及財產，勦滅土着的居民。許多的人種和種族，都被牠們勦盡殺絕，而牠們的財產、牠們的資本，就以數百萬土人的鮮血凝聚起來了。所以資本之原始的蓄積的歷史，實是滿含着血腥的歷史。

直到資本主義的生產方法出世以後，這些國家的資本家們，感到勞動力的需要，就開始獵取後進民族的土人們，作爲他們的生產的奴隸了。尤其殖民地的土地的開墾、礦山的開採、與農業的經營，最需要奴隸的勞動力。因此被俘虜的土人轉化爲奴隸，並當作商品買賣了。

大約從十六世紀初年起，葡萄牙、西班牙與英吉利等國，都開始實行奴隸狩獵與奴隸貿易。所謂奴隸狩獵，就是到處捕捉殖民地的土人，當作奴隸去買賣。這種事業，都經各國政府所公認，並以國家的武力做後盾。關於奴隸的貿易，各國政府都用法律規定。奴隸貿易的獨占權，在西班牙最初由國王授給廷臣，廷臣又把這獨占權賣給特許商人。在英國詹姆士一世時代，這種獨占權，由國王以一定條件賣給兩個奴隸貿易公司。在一七一三年之時，英國對於美國的奴隸貿易，成爲安娜女王的特權，宣稱爲王政中最有利益的買賣。但在另一時代，英國普通的人民也能夠從事於奴隸貿易。

關於奴隸買賣的數字，達到非常可驚的程度。在一六八〇至一七〇〇年之間，非洲黑奴貿易公司經手買賣的黑奴，達十六萬人；由其他私人企業經手買賣的，約三十萬人。又在一七〇〇至一七八六年之間，輸入於加瑪地方的黑奴有六十一萬人；在一六八〇至一七八六年之間，輸入於美洲及西印度羣島的英領殖民地的黑奴，有二百十三萬人，每年的平均數爲二十萬。據另一記載，各國在非洲獵取的黑奴，在一千萬以上。

奴隸貿易所以這樣發達，是由於這種買賣特別有利。如「世界史教程」所述：「由黑奴買賣所得的利潤，不下百分之五十，通常達到百分之一百五十以至百分之二百。據某個報告，一六九二年所揭出的數字，用二萬九千二百利維爾購買的奴隸，賣價爲二十四萬利維爾」。

當作產業組織看的奴隸制

奴隸的勞動，大都被利用於殖民地的農業，及鑛業方面。十八世紀以前美國南部的黑奴勞動的利用範圍之廣大，在歷史上是很有名的事實。在美國的南部，奴隸制變成了一種產業的組織。美國南部諸州，土地遼闊，沃野千里，最適宜開辦大農場，種植煙草、棉花、及甘蔗之類。但南部諸州，氣候比較炎熱，白人勞動者不能在這種氣候下勞動，所以在這里開墾的農業資本家，只有利用價廉而堅苦耐勞的黑奴的勞動，這是黑奴所以充斥於南部諸州的原因。南部的農業資本家們，在上述的條件之下，開辦了許多大規模的煙草、甘蔗、及棉花的大農場，利用大批的奴隸的勞動，收得了大宗的額外利潤。至於北部諸州，因爲地質及氣候適宜於栽種穀物，却不適宜於利用奴隸勞動。所以北方的農業經營，多採取自耕農制度，農民和自己的家屬一同在自己的農場勞動，他們都有經營農業的必要的知識，並努力爲自己的利益而勞動。這一點，也是北方諸州反對奴隸制度而至於引起南北戰爭的原因。據各種書籍的記載，非洲黑奴被販入於美國去的人數，大多數是在南部諸州勞動。南方諸州的黑奴人數，在十六世紀時約有九十萬人，十七世紀時約有二百七十五萬人，十八世紀時約有三百萬人。

那種當作產業組織看的奴隸制度，在其他各國的殖民地，也都很流行的，這里不必一一列舉。大概的說來，各資本主義國家最初開闢殖民地之時，都實行了奴隸制度。但，如前面所述，奴隸制是阻塞技術的進步的東西，各資本主義國家之利用奴隸勞動，也只限於在開墾殖民地的肥沃土地時，纔是有利的。若果需要熟練的比較有知識的勞動的生產部門，奴隸的勞動就不能利用。所以到了生產技術更向前發展之時，即到了產業革命實現之時，奴隸的勞動，就不能像自由勞動者的勞動那樣能够創造較多的剩餘價值了。

正統派經濟學創始者亞丹斯密說過，自由民的勞動比較奴隸的勞動，價格還要低廉（他把勞動力的價格，混爲勞動的價格，因而隱蔽了剩餘價值的榨取的事實。這是正統派經濟學的虛造）。這句話的意思，就是說資本家與其利用奴隸的勞動，反不如利用自由勞動者的勞動，能够得到較多的剩餘價值。因爲資本家購買奴隸做工，要花費很多資本。這些資本是用在不生產的方面的。並且還要供給奴隸的衣食住（雖然是很可憐的），他們有病時不能工作，還要施以醫治。奴隸如果死亡，購買奴隸的資本就完全損失。奴隸怠惰性成（因爲是奴隸，無勤勉的必要），必須多設監工人，強制他們勞動，就要多支出一筆工資。並且，市場的情形變動無常，好景氣之時，需要加工製造商品，因而就需要較多的勞動力，當然不容易臨時添購奴隸；到了不景氣之時，就要減少生產，因而就有一批奴隸的勞動不能利用，而不做工的奴隸仍舊要養活。這一切弊端，在利用奴隸勞動時，都不能避免。至於自由勞動者，到處都有，資本家可以招之使來，揮之使去，並且還要他們遵守一定規則，爲他生產一定額的剩餘價值，否則便實行解雇，他們便有餓死的危險。所以資本家使用自由勞動者，比較使用奴隸，當然更爲有利，這是自明的事情。十八世紀末葉到十九世紀中葉，各資本主義國家所以陸續實行奴隸解放，其根本原因就在這里，並不是站在什麽人道主義的立場。

就今日世界的情形說，奴隸制的遺物，在許多落後的民族中仍舊殘存着。特別是就帝國主義與殖民地民族的關係來看，殖民地人民，實際上變成了帝國主義者的奴隸。全世界有十二億的殖民地的人民，都被帝國主義者當作奴隸榨取着。我們中國的五億人民，就處在這樣的奴隸狀態，在目前我們中國民族的最重要的使命，就是要從這種狀態中解放出來。

習題三

一、試說明奴隸制發生的前提。
二、奴隸在生產過程中的任務如何？
三、奴隸與自由勞動者不同之點安在？
四、奴隸所有者剝削奴隸的原則及其所採取的形式如何？
五、試說明奴隸制經濟的自然性質。
六、奴隸制的大規模的生產，對於小生產占居優越地位，其意義如何？
七、奴隸制社會中高利貸資本的作用如何？
八、奴隸制經濟比較原始社會經濟進步，其理由如何？
九、奴隸制社會的生產力發展到一定程度時，就開始衰退，其原因安在？
一〇、摧毀奴隸制經濟的東西，是奴隸制本身，其意義如何？

一一、在奴隸制經濟崩潰過程中，產生了隸農制，其原因如何？

一二、在由奴隸制經濟轉變爲封建經濟的過程中，民族的征服也成爲一個推動力，其意義如何？

一三、近代資本主義初期，也曾盛行奴隸制的生產，這種奴隸制的生產，與古代社會中的奴隸制的生產，有無差別？

一四、近代社會的奴隸解放之經濟的原因如何？

一五、試舉出現代社會中奴隸制的遺物而說明之。

第三章　封建的經濟形態

第一節　封建經濟的形成及其一般特徵

一　封建經濟的形成

由奴隸制到封建制的轉變過程

歷史上繼承奴隸制的經濟構造而起的，是封建的經濟構造。封建的經濟，對於奴隸制的經濟，是比較進步的歷史形態。因爲奴隸制經濟，是一種沒有出路的經濟，當發展到一定階段時，就必然的轉變到封建經濟。關於這種轉變，可以把古代羅馬的歷史事實，作爲範例來說明。古代羅馬的末期，主要的生產手段的土地，已爲貴族的大地主所兼併，小所有者的平民已經沒落，而變爲靠國庫瞻養的寄生者，那不堪虐待和剝削的奴隸們，又因不斷的背叛而橫受主人的毒殺。結果，奴隸制的經濟，因爲奴隸的勞動力的缺乏，因爲奴隸勞動阻止了技術的進步，便大大的崩潰下去。在這種情形之下，就發生了農奴制度。

三世紀之初，羅馬皇帝與貴族所屬的領地內，特別感到所需要的勞動力的缺乏，領地的所有者，開始把土地租給隸屬於自己的小佃戶「科勞士」（Colonus）去耕種。這種「科勞士」，就是負債的小所有者，他們對於領主擔負義務的勞動並繳納現物地租。這種制度，到三世紀中葉，已推行於羅馬全境。往後，地主的政府，爲抑制「科勞士」規避納租等義務，禁止他們遷移他處或放棄耕地，使他們變成農奴。這種制度，不但適用於農民，並且對於都市的居民也同樣適用。譬如政府爲了增加租稅收入，還把手工業者束縛於一定的土地之上，後來甚至把一切居民都束縛起來，凡屬都市和農村的各種居民，都必須受正確的登記，對國家履行一定的義務。這一切居民的農奴化，就引起了財產集中於少數人手中的過程及多數居民的貧窮化。所以，在這過程中，奴隸制度已經轉變爲封建的農奴制度了。但是，我們要知道，普及於中世紀歐洲各地的封建制度，在日爾曼侵入羅馬以前，已經普遍的存在着，並不是日爾曼人用政治力量創造出來的，日爾曼人不過在這種制度之下，把所占領的羅馬土地實行封建的分割而已。

日爾曼人的侵入羅馬與封建制的形成

紀元前數世紀，日爾曼人定居在歐洲的北部和中部。到了紀元前二世紀末葉，日爾曼人便和羅馬帝國發生衝突，侵入羅馬帝國的版圖，但爲羅馬國境堅固的城塞所阻，未能前進。日爾曼人因爲移住各地之故，不能保存自己舊來的氏族性質。氏族制已經消滅，氏族財產漸漸變爲個人財產了。從前一切土地，都歸氏族共有。牧場、森林、草地和水源地，歸各家共同利用；其他耕地等，都按照各家族的利用能力與要求，分配於各家族使用。現在，這種氏族的結合，由別種結合所代替了。除了共有的不可分割的公地仍舊保存外，宅地和耕地，都歸各家族長所私有了。在這種結合中，不但有用自己本身的勞力來耕作的小地主，同時還有掌握大所有地的大地主。大土地所有者，租借土地於奴隸、佃農或其他隸屬自己的人們，向他們徵收租稅。這時的租稅，是用自然物支付的。大土地所有者就拿所收的租稅，豢養酋長、武士和家臣。土地的不平等，是日爾曼人社會的階級分化的條件。因此，產生出軍事領袖的土地貴族，他們取得政治的優勢，變成了支配的集團。

日爾曼人原是定居的農業民族，早就知道耕種穀物了。但是，他們的農業，非常粗笨，還沒有超出輪耕制的階段。這種輪耕制的低度生產性、土地的缺乏及自然的災害（水災、旱災），驅使日爾曼人不得不向南移動，去尋求新的土地了。

住在伊比利半島附近地方的日爾曼人，同多數的舊居民同化了。日爾曼人占領了羅馬的邊境地方之後，就在這些地方，形成了帶有經濟的社會的和政治的特殊性的封建關係。

紀元四世紀，羅馬帝國內所形成的政治經濟制度的基本要素，在新建設的日爾曼各國的條件之下，完成進一步的發展。羅馬的社會經濟構造與日爾曼的社會經濟構造之同化及其相互作用，促進了西歐封建經濟的形成。

周民族征服殷民族與封建制的形成

中國的封建經濟構造，始於周代，周民族最初散佈的區域，當爲現在甘肅西部和陝西東部。在公劉時代，農業已很發達。牧畜業似退居次位，手工業已相當發達。如詩經所說：「迺場迺疆，迺積迺倉；迺裹餱糧，于橐于囊」；「度其隰原，徹田爲糧」；「執豕于牢，酌之于匏」；「其繩則直，縮版以載」；「百堵皆興，鼛鼓弗勝」等語，即是明證。

最初周民族似與殷民族不生關係。後來，往東擴大領地。纔漸漸和殷民族相接觸，成爲殷代的一個屬地。詩經所說：「古公亶父，來朝走馬，率西水滸，至于岐下」，這就是說，周民族因不堪戎狄的侵擾，乃去豳遷岐，卜居于岐山之下，而與殷民族發生隸屬關係。

周民族尙武，能藉武力擴張領土。到文王時代，征服虞、芮，滅掉密、崇，所謂「文王受命，有此武功，旣伐于崇，作邑于豐」，便是實證。這時，大概從陝西西部到河南西部一帶的小民族，都已經爲周民族所征服了。但是，他們的勢力還不能與殷民族相抗，所以雖然「三分天下有其二」，還要「以服事殷」。

到了武王時代，武力已經強大，而殷代統治區域中，叛亂時起，所以武王就率領「友邦家君、御事、司徒、司馬、司空、亞旅、師事、千夫長、百夫長，及庸、蜀、羌、微、盧、彭、濮八」等，在孟津會合「八百諸侯」，「率戎車三百乘，虎賁三千人，甲士四萬五千人以東伐紂」，滅了殷朝，把當時所說的天下，放在周民族的統治之下。

周武王在統一天下之後，把所屬的全部領土分封於親族、功臣以及前代帝王的子孫。封土的大小不等，據孟子說：「天子地方千里，公侯之地方百里，伯七十里，子男五十里，凡四等；不能五十里，不達于天子，附于諸侯曰附庸」。

最大的土地所有者是天子，所謂「普天之下，莫非王土，率土之濱，莫非王臣」，可見天子是領有天下的土地所有者了。天子之下是封建諸侯。諸侯又可把所得的封土，分封于臣下，如卿大夫之類。所謂天子、諸侯、卿大夫等，都是等級高下不同的大小領主，他們把所領的土地，分裂爲許多小塊，頒發給農民耕種，從農民徵取勞役地租及現物地租。所謂井田制度，就是這樣的封建制。而這種封建制經濟，是沿襲殷代末年已經發生的所謂「七十而助」的制度。這種制度，當周民族還隸屬於殷民族的統治之下的時期，必已成爲周民族所占領的區域中的經濟制度，這是沒有疑義的。

二　封建的經濟構造之一般特徵

封建經濟與奴隸制經濟的區別

封建的經濟構造，是在奴隸制社會的母胎中產生，又是與奴隸制的經濟構造完全不同的東西。『奴隸所有者與奴隸，是最初的階級的大分裂。奴隸所有者，不僅占有一切生產手段、土地和器具（這種器具，當時自然是很貧弱、很原始的），而且還占有人類。這個集團，叫做奴隸所有者；而那些自己勞動或爲他人勞動的人們，叫做奴隸。歷史上繼續這種形態而來的其他形態，是農奴制度。奴隸制度的發生，在許多國家，都轉化爲農奴制度。社會基本的分裂，是農奴所有者——地主與爲農奴的農民。他們之間的關係的形態變化了。奴隸所有者，把奴隸看作財產，法律也固執這種見解，把奴隸看作完全屬於奴隸所有者的物品。但是，對於爲農奴的農民，階級的壓迫和隸屬雖然照舊存在，而爲農奴所有者的地主，却不算是當作物品看的農民的所有者——他們只有對農民要求勞動的權利，強制農民履行一定的義務』。

封建的經濟構造，是比奴隸制經濟構造進步的歷史形態。就對於勞動的刺激的見地看來，奴隸的剝削制度，對於勞動生產性及強度的提高，不能給以任何决定的刺激，而封建的剝削形態，在某種程度上，却可以給以這種刺激。因爲第一，農奴是勞動工具的所有者；第二，他的勞動時間的一部分，是爲自己勞動的。這樣，農奴在爲自己勞動的時間內，便可以盡量的提高勞動生產性和強度。

因爲直接生產者的農民，除了爲領主勞動的時間之外，其餘的勞動時間，是由他自己支配的，在屬於自己勞動時間中所造出的生產物，都歸他們自己所有。所以他可利用生產上進步的經驗和技能，提高勞動的生產性。勞動生產性提高以後，他們生產的生產物就增加起來，必然的產生新的物質的欲望，更爲了滿足這類新欲望而努力生產。同時，因爲剩餘生產物增加的結果，就可以把牠拿到市塲中交換別的生產物。當作商品生產出來的生產物增加的結果，商品的市塲就擴大起來。市塲的擴大，使得直接生產者利用勞動力的事實，更得到確實的保證，因而刺激他努力生產的動力就加強起來。由於這種種原因，農民的勞動生產性，就繼續發展起來。這種勞動生產性的提高，並不僅限於農業的部門，並且推及於農村的家內手工業的部門。這樣一來，經濟發展的可能性就增大了。這是封建經濟所以高出奴隸經濟的重要原因。

封建經濟與資本主義經濟的區別

封建經濟與資本主義經濟，在勞動者把剩餘勞動的生產物，無償的給與生產手段所有者，而自己只領受必要勞動的生產物一點上，兩者是一樣的。這兩個體制的根本的區別，在於以下的三種關係：『第一，農奴經濟，是自然經濟；資本主義經濟，是貨幣經濟。第二，農奴經濟的剝削手段，是勞動者緊縛於土地及土地的分配；在資本主義經濟之下，作爲剝削手段的，是勞動者由土地中解放出來。農奴所有者的地主，爲了取得所得（即剩餘生產物），必須把占有分割地或農具家畜的農民束縛於自己土地之上。無土地、無牛馬、無所有主的農民，在農奴制的剝削上是無緣的對象。反之，資本家爲了取得所得（利潤），却必須擁有無土地、無所有主的勞動者，即在自由的勞動市場出賣自己勞動力的勞動者。第三，分得土地的農民，人格上隸屬於地主；因爲農民占有土地，所以只能耕某種強制去使他們替主人作工。于是從這種經濟體制中，產生出「經濟外的強制」、農奴制、法律的隸屬、及限制的權利（農民權利之身分制的限制）等等。反之，「理想的資本主義」，是自由市場的——所有者與無產者之間的——最完全的自由契約』。

這樣看來，我們可以知道封建經濟的剝削，具有三種標幟。即第一，封建經濟，是自然經濟；第二，封建的農民是所有者，換句話說，他們是生產手段中的生產器具的所有者，他們從地主手中分得土地；第三，封建的農民，對封建領主——地主陷於經濟外的隸屬關係。

在這里，嚴格的說來，這就是封建剝削的本質。

封建的經濟構造之基本特徵

封建經濟，是特殊的社會——經濟的構造。和其他一切構造一樣，規定這種構造的出發點的標幟，是生產方法，是支配階級在生產上從直接生產者吸取剩餘勞動的剝削形態。現在，我們就從這種觀點出發，把封建的經濟構造之特徵，分作如下的概括的說明。

第一，一切的土地，幾全爲封建領主所占領，形成大土地所有。而大土地所有，就是封建領主和地主——農民的剝削者——的支配之基礎。恩格斯說明土地集中於封建領主之手的過程如下：『一方面，諾曼人侵入的擾害，國王們不斷的戰爭以及最有勢力者的內亂，促使自由農民爭相要求有勢力的保護者；他方面，最有勢力者的貪婪與寺院的欲求，加速了這種過程。他們用欺詐、束縛、脅迫和暴力，使許多農民與農民所有地，都隸屬於自己的權力。不論在那種情形之下，農民的土地，都變爲領主的土地了』。

第二，直接生產者的農民，在人格上隸屬於封建領主。他們從領主領受土地及其他生產手段，經營農業，向地主繳納地租，終身被束縛于領主的土地之上，成爲土地的附屬物。所以，中世紀封建剝削的源泉，不是居民的土地被收奪，反之，是居民被束縛于土地。並且還必須用勞動或自然物，替自己的主人盡義務。

第三，農業經濟，主要的是自然經濟。農民的生活資料，大部分是自己生產；領主的生活資料的大部分，也是由農民繳納自然物去供給（有由領主自己的耕地上供給的）。但其他的生活資料，仍不能不仰給於外部，所以商業仍是存在的。

第四，農民所耕種的面積，是小塊的土地。農民在小塊的土地上，應用低級的、停滯的農耕技術，獨立的經營小規模的農業。農民在人格上雖隸屬於領主，而這種小經營，却歸農民所有。這就是所謂「大土地所有與小生產的結合」。

第五，領主的土地，大部分分發給農民，領主自己通常留存小部分的土地，用農民的義務勞動經營農業；所得的收入，用以贍養自己的家族及武士家臣之類。

第六，農民是半解放的奴隸，除對領主繳納地租及履行一定義務勞動以外，其餘的勞動時間，是從事家內手工業。所以在封建制度之下，農業與家內手工業互相結合。

第七，農民對於地主所擔負的主要義務，是繳納勞役地租與現物地租。此外，農民還得要繳納各種苛捐雜稅，其名額任憑領主決定。

第八，地主的人物，最大的是國王，以下是公侯伯子男卿大夫等，等級非常複雜。其名稱在歐洲與亞洲各不相同。大概地主的等級，與其所有土地的大小相適應。封建政治的等級制度，與地主的等級制度相適應。

第九，封建領主，對於農民厲行超經濟的強制。「這種強制的形態與程度，從農奴狀態起到農民權利的身分限制爲止，能有許多複雜的種類」。

總而言之，在封建的剝削上演着重要作用的東西，是農民被束縛於土地，是人身的隸屬關係，是直接的支配與隸屬的關係及所謂超經濟的強制。這是基本的封建的生產關係、階級關係。

封建的地租形態

封建的剝削形態，即是封建的地租。依照歷史的程序，封建地租，分爲勞役地租、現物地租與貨幣地租的三種形態。

（一）勞役地租、依據勞役地租的制度，農民的勞動時間要分爲兩部分：一部分在地主的土地上勞動，另一部分在自己的土地上勞動。所以農民在時間和空間上，都採取不同的形態，把剩餘勞動供獻於地主。譬如法蘭西佃農的徭役是：用自己的馬，耕種主人的田地，刈取和收割主人田裏的農作物，在主人家裏或釀造場裏勞動，用自己的馬作各種事務，伐木掘溝，及履行其他種種義務。這些事務，每週需要三四天的時間。

（二）現物地租　依據現物地租的制度，農民可以用全部勞動時間耕種所領受的土地，只把生產物的一部分，作爲地租交給地主。如十五世紀諾弗哥羅貴族，除使用自己奴僕的勞動，耕種自己的土地外，還要農民把一定量的穀物、肉、卵、牛酪等送給他。現物地租與勞役地租，在剝削的本質上相同，只是牠的形態上有區別。因爲封建領主，不是在自己土地的直接勞動形態之下，占有剩餘生產物，而是在農民向他繳納一定量的生產物的形態之下，占有剩餘生產物。不過，現物地租，表示農民的勞動生產力已較有進步，農民已比較自由的支配自己的勞動了。

（三）貨幣地租　貨幣地租，是封建地租的最後的形態。依據這種地租制度，農民所支出的地租，不是生產物而是貨幣。由現物地租到貨幣地租的轉變，以商業的發達與商品貨幣關係的發達爲前提。並且貨幣地租，在小生產者出賣自己的生產物，而用貨幣形態把剩餘部分交給地主一點上，又以小生產者有極大自由爲前提。這種地租的發生，是封建的生產方法已趨崩潰的朕兆，而孕育着資本主義的因素了。

封建地租這三種形態，表現封建經濟發展的三個階段。上面說過，封建的剝削，比較奴隸制的剝削，是進步的形態。奴隸制的剝削，不含有提高勞動生產性的刺激，而封建的剝削，却比較的能提高勞動生產性。就勞役地租說，農民爲要迅速的做完地主土地上的工作，不能不增加勞動生產性，這對於自己是有利的。又就現物地租說，農民如能提高勞動生產性，所得的生產就能夠增加，因而除繳納地租以外而剩留在自己手中的部分也增加了。

但是，由一種地租形態到他種地租形態的轉變，農民的利益固然隨着勞動生產性的提高而增加，但封建地主對農民的剝削也必然因而加重，有時甚至剝削農民的全部剩餘產物。這種情形，在封建經濟行將崩潰時，即在榨取貨幣地租的階段，特別厲害。

封建制與農奴制的同一

關於封建制與農奴制是不是同一的經濟構造的問題，在討論社會的經濟構造的許多學者中，曾有一種異論。這種異論，主張封建制與農奴制是截然不同的兩種經濟構造，而各有其截然不同的生產方法。這種異論的根據是這樣的：

『在封建制之下，農民占有生產的基本手段和基本農具的使用權。農民在自己的經濟上，生產必要生產物與剩餘生產物。農民把這些剩餘生產物的大部分，用現物地租的形態繳納於封建領主。在農奴制之下，以徭役的生產爲基礎，在這種徭役的生產下面，農民只是徭役經濟的附屬物。在封建制與農奴制之下，有不同的生產方法及生產關係』。依照這種見解說來，封建制的特徵是土地所有者榨取現物地租，農奴制的特徵是榨取勞役地租，因而把現物地租和勞役地租的形態看作區別封建制與農奴制的特徵，並主張兩者是截然不同的經濟構造。這種見解，是非常錯誤的。

勞役地租、現物地租與貨幣地租，是封建的基本的生產關係——剝削關係之表現形式。上面說過，這三種地租，都是封建的地租形態，表現着封建的經濟構造的發展階段。這些地租形態的發展，適應於封建時代的生產力的發展狀態而變化。一般的說來，在封建時代的初期階段，農民的勞動生產性比較幼稚，土地所有者，爲實行有效的剝削，不能不利用超經濟的強制力，使農民緊密的隸屬於地主，主要的是強制農民提供剩餘勞動，使在自己經營的土地上從事種種勞動。所以在這個時期，土地所有者，主要的是向農民榨取勞役地租。往後，農民勞動的生產性比較進步，農民獨立經營農業的能力比較充分，因而土地所有者對於農民榨取現物地租也比較確實可靠。所以，這時的土地所有者，主要的是向農民榨取現物地租了。這是表示出封建的生產力顯然進了一步。最後進到封建時代的後期，商品——貨幣經濟發展起來，農業經濟趨於商品化，而土地所有者又迫於貨幣的需要，於是在貨幣地租的形態上向農民榨取地租了。

從封建的生產力的發展狀態說來，勞役地租、現物地租與貨幣地租，形成爲封建的經濟構造的三個階段。但是這三種地租形態，也不是完全截然各個的形成爲一個階段。因爲在勞役地租成爲主要的剝削形態的時期，農民的剩餘生產物，仍然被土地所有者所剝削。其次，在現物地租成爲主要的剝削形態時，勞役地租也並不是完全沒有。最後在貨幣地租時期，現物地租與勞役地租也是遺留着。如果嚴格的拿一種地租作爲封建經濟各個階段的特徵，必須要以封建的生產力發展的狀態爲前提。在這種前提之下，土地所有者所榨取的主要的地租的形態，能夠區別封建經濟內部的各個發展階段。

從上面的說明看來，那種把農奴制看成與封建制截然不同的經濟構造的主張，固然是重大的錯誤，並且把榨取勞役地租的制度看做農奴制的主張，也是一種錯誤。農奴制本身就是封建制。封建制的特徵（在上面已經說明），對於農奴制是完全適合的。就農奴制的這種制度說，農奴所有者就是封建的地主，他們有向農民要求勞動的權利，強制農民履行一定的義務。「這所謂要求農民勞動和強制農民履行義務」，主要的是向農民榨取勞役地租和現物地租。所以那種主張把榨取勞役地租作爲農奴制的基本標幟一層，顯然是錯誤的。從生產方法和生產關係看來，封建制和農奴制並沒有區別，農奴制實是封建制的生產關係之特徵。

變相的封建制

所謂變相的封建制，就是指着「亞細亞的生產方法」說的。「亞細亞的生產方法」，首先是敵對的生產方法，這種敵對的性質，是與封建社會及封建國家相結合的。所謂「亞細亞的生產方法」，含有封建社會中特徵的勞動力與生產手段的結合方法的意義。生產之基礎的土地，歸於支配階級所有，直接的生產者，雖有微小的生產手段，但是被強制着去耕種封建領主的土地。適應於這種生產方法的剝削形態，自然是封建的剝削形態。因爲支配階級，不僅用超經濟的方法去占有直接生產者所生產的剩餘生產物，而且占有其必要生產物的大部分。並且東方的專制國家，不外是封建領主對於隸屬的直接生產者的支配機關。『地租，在歷史上（在達到最高發展階段的亞細亞各國也是一樣）、顯現爲剩餘勞動的、即無償勞動的一般形態。在這裏和在資本家的情形之下一樣，剩餘勞動的取得，不是以交換爲媒介。並且取得剩餘勞動的基礎，就是社會的一部分對於另一部分的強力的支配，因而是一種直接的奴隸制、農奴制或政治的隸屬關係』。

由上所述，可知「亞細亞的生產方法」，在其本質上，與封建的生產方法，並沒有根本的區別。所不同的地方，就是亞細亞諸國的幾個特殊經濟條件。即是說，所謂「亞細亞的生產方法」，即是附加幾個特殊經濟條件的封建的生產方法。

所謂特殊的經濟條件，就亞細亞諸國說來，有下述幾種：第一，對於土地的統治權，集中於最大的土地所有者國王之手。第二，土地私有制之確立。在封建領主之下，有民間地主經濟。第三，關於農業方面的水利灌溉等社會的事業，是由國家組織的。第四，土地所有者的國家，干涉人民的經濟生活。第五，土地所有者的國家，向農民征取的租稅，與封建地租有同一的經濟的內容。第六，亞細亞各國，是土地所有者的獨裁國家。以上這些條件，都是亞細亞的特殊經濟條件。這些條件，明明是和封建社會及封建國家相關聯的。就其基本的生產關係說來，「亞細亞的生產方法」，只是封建的生產方法之特殊的形相，即是封建的生產方法的變種。

三　封建的經濟構造之具體的實例

關於封建的經濟構造之基本特徵及剝削形態，已經在上面說過了，現在就西歐主要各國的具體歷史，說明封建經濟的特徵。

西歐各國的封建經濟

我們首先說明法蘭西的封建經濟的特徵。當日爾曼族法蘭克的酋長占領高盧時，首先占領了屬於羅馬國王的土地，往後又沒收了若干地主的土地，把這些土地作爲遠征時的酬賞，分給自己的武士和奴僕，只留下一部分，作爲自己本身的生產手段。經過相當期間，國王的豪族的土地增加起來，同時，寺院的財富，由于賞賜寄託和捐贈，也增加起來，於是發生了大土地所有——王有地世俗領地及寺院領地。往後，大地主就開始占領小地主的土地、公社的土地和荒地。

介于富強的鄰人之間的小地主，無力保持自己的獨立，他們對於大地主，逐漸陷入經濟的隸屬狀態，不得不把自己的土地讓給大地主，而降居于佃農的地位。這種土地，就叫做分與地。地主的一部分土地或荒地，常用分與地的使用形式，分配于農民，使農民耕種。于是經濟生活，在新的龐大土地上發展起來，大土地所有者的經濟的和社會的勢力，就形成起來，鞏固起來了。

但是，在許多情形之下，大地主的所有地，在各種農村中，往往散布于其他地主的佃農土地之間，或散布于自由的小地主之間，而大地主便努力把自由的小地主的分散的地面，逐漸放在自己勢力之下。這樣看來，大土地所有與農業的結合，便是法蘭西封建經濟的特徵的要素之一。

在大地主的領地中，主人的耕地所占的部分，比分配于佃農的土地較少。大地主逐漸減少自己參加生產的任務，而增大其爲支配者和榨取者的任務。

由領地中分給佃農的土地，分爲地段大小不同的各種借地（manse）。由借地得來的收入，不但要供養佃農及其家族，而且要保證他們繳納租稅和徭役。佃農除向地主繳納勞役地租外，還必須向主人支付自然物——大小家畜、鳥、酒、蜜、牛酪等。有時繳納貨幣，代替自然物。

所有的借地，分爲隸民（奴隸）借地、農奴借地及賤民借地三種。農奴沒有脫離地主的權利。農奴逃亡時，地主可以把他們尋找回來，再束縛于自己的土地之上。借地只限於一代，農民無權把自己的土地，遺留於子孫；佃農的子孫，須向地主支付特別租稅，才能得到土地。

領地的大小，各不相同。地主占領從前公社的土地和自由的采地，以擴大自己的土地。大地主不僅使自己領地中的一切居民變成經濟上的隸屬者，同時，又掌握了政府權力的許多機能。普通把自己土地交給地主的所有者，多少要放棄人格上的自由，在經濟上受富裕地主的支持和保護。大地主利用經濟的和社會的勢力，同時掌握了地主權。這種地主權，是由於特許而得到國王承認的。因此，豪族的領地以及領地上的人民，都從國王官吏的權力下解放出來了。領主得徵收領內的租稅，組織警察和軍隊，並有裁判權。各地主的政治的獨立，因而增大了。封建領主越大，掌握的政治權力也越大。政治權力與大土地所有的結合，也是封建經濟的典型的特徵之一。

在英國，當諾曼人侵入以前，已經形成了封建關係。生產力的不發達，經濟的不安定，長期戰爭，人口的增加以及繼承人間土地的分配等，結果引起農民大衆的破產，使他們喪失了土地、獨立和自由。另一方面，盎格魯薩克遜諸王的土地占領及大領地支配下的武士的土地分配，引起了大土地所有的形成。

在自然經濟狀態之下，大地主爲了分配自已的土地，不得不把牠分爲許多小塊的借地，分配於需要土地者，但須以租稅或勞役爲代價。土地的必要，驅使沒有土地的人或土地少的人，向強大的大地主要求土地和保護。大地主就變成了這些人的軍事保護者，把他們放在自已的保護之下，這叫做「受寄託」。

在當時，要求這種保護的，不僅是沒有土地的人；甚至小地主也得要把自己的土地交給大地主，反而從大地主手中去租借土地。主人一面保護自己的屬下，同時要求他們用租稅和勞役的形態，履行隨借地而來的一切義務。

英吉利的領地是大領地，領地所有者，不但有土地使用權，而且取得支配屬民的國權的一部分：如警察權、裁判權及財政上的（關於課稅）權利。因此，在英國，終封建之世，都充滿了封建領主與國王之間的鬥爭。

在俄國，當魯斯的分封公時代，封建領地的經濟制度和政治制度，就發展起來，在移住東北平原的過程中，形成農村公社，在那裏占支配地位的，本質上是分散的小土地占有。當公爵和貴族實行統治以前，農村公社遭受大地主的經濟的和超經濟的影響，而趨於沒落，大地主吞併了小農民的耕地。所以俄國封建大土地占有的形成之基本過程，是一個長期的過程。這種過程，是在抵押、負債及小所有者破產的基礎上成長起來的。

公爵、僧侶和貴族等大土地所有者，只在狹小的自己宅地中，經營自己的經濟，而把大部分的田地，當作一時的使用地，租給農民，向他們徵收自然物、勞役、手工業生產物和貨幣。

農民的隸屬狀態，有許多種類。農民耕種地主的田地，必須向地主繳納自己生產物的一部分。這種關係，叫做分糧關係。有時住在貴族、寺院或教會土地中的農民，必須支付貨幣租稅，這種人叫做貨幣支付人。有時租稅的一部分，是用現物支付，另一部分是用貨幣支付。除此以外，還要負擔許多賦役的義務勞動。

隸屬的農民，在自己的經濟中勞動，把自己生產物的一部分，繳納於地主，並負擔某種勞動義務。這種勞動義務，在地主經濟中是很顯著的。一切農民，在「扶助」及對自己經濟的供給之下，都變成了地主的債務人。在這種扶助之下，農民所必要的東西，首先是犂、馬和種子，其次是穀物和貨幣。由於這種供求關係，農民就變成了地主的債務者，而這種債務，幾乎是不能淸償的。這種債務，是束縛農民於土地的一種桎梏。農民只有在完全償還一切債務之後，纔能脫離自己的主人而自由。

後來，農民對於土地或宅地的使用，必須負担徭役，這種徭役，不僅推行於中小領主的土地，而且推行於大地主的土地或寺院的土地。農民耕種主人的土地，刈草收糧，爲主人經營宅地。這種徭役，隨着貨幣關係的成長發達而加強，隨着主人經濟和主人耕地的擴大而加重。往後，主人的耕地，已占全耕地百分之五十以上，因而能够更合理的經營了。耕地之外，主人還有草地。主人經濟的收益，比農民土地的收益高得多。

大地主占有大量的勞動力，由自己的農業經營中，獲得大量的收益，並且還榨取農民本身的收益，以補充自己的資財。大地主更利用所積蓄的資財，去加強農民經濟的各種隸屬形態。

在各種隸屬形態中，有一種「抵押」。農民被抵押於大地主，而陷於對大地主的隸屬狀態，在這種隸屬狀態之下，也有改善自己經濟的可能，所以農民寧願喪失自己人格權的一部分，以提高自己的物質幸福。

大地主（公爵貴族和寺院），不僅使人民陷於經濟的隸屬狀態，並且實行政治上的支配，即行政權和司法權，與領地的經濟占有及支配相結合，以維持着這種榨取人民的隸屬關係。

中國的封建經濟

中國的社會，由周代到鴉片戰爭的時期，是屬於封建經濟的社會。在這個期間，可以分爲典型的封建經濟時期，與變相的封建經濟時期。西周和東周時代屬於前者，由秦漢迄於鴉片戰爭時代屬於後者。現在首先說明中國典型的封建經濟。

周民族自武王伐紂統一天下之後，就列土封侯，形成典型的封建的等級制度與大土地占有。土地所有者是封建領主，農民是農奴，沒有土地所有權。所謂土地關係，就是土地所有者的封建領主與直接生產者的農民之間的關係。

封建領主，把所屬的領土，劃分爲許多小塊，自己保留一部分優良土地，其餘則按照土地的肥沃程度及農民勞動力之多少而分授於農民。

關於分授田地於農民的記載，散見於周金、詩經、論語和孟子。如孟子所載：「方里而井，井九百畝，其中爲公田，八家皆私百畝，同養公田，公事畢然後敢治私事」。所謂公田，便是封建領主自己經營的農田，由農民耕種；私田是領主分授於農民的田地。

當時領主對於農民的剝削，主要的是採取勞役地租的形態。如詩大雅篇：「以我覃耜，俶載南畝，播厥百穀，旣庭且碩，曾孫是若」。即是說，農民使用自己的勞動器具去耕種領主的土地，農業生產物，自然是歸領主所有了。農民除耕種領主自己經營的土地外，還有其他的徭役，如詩靈台篇：「經始靈台，經之營之，庶民攻之，不日成之，經始勿亟，庶民子來」。這是說遇有封建領主大興土木時，農民須要提供義務勞動來經營。此外，如詩東山、大車、出車諸篇，更載有農民服兵役的事實。

其次，是向農民征收現物地租。如詩七月篇：「八月載績，載玄載黃，我朱孔陽，爲公子裳」。「取彼狐狸，爲公子裘，……言私其豵，獻豜于公」。封建領主，「不稼不穡」，便可以「取禾三百」，「不狩不獵」，也可以「縣貆縣鶉」了。

在平時，農家在五月至十月之間，從事於耕種、蠶桑、收獲、牧畜及狩獵等，所得的結果，須奉獻於土地所有者。冬天却又須爲土地所有者作種種義務勞動。遇有戰爭時，農民須充兵役。如詩出車篇：「昔我往矣，黍稷方華，……王事多難，不遑啓居」。農民因服兵役，連自己的土地都無暇耕種了。

反之，土地所有者，藉剝削農民的所得，以度其「旨酒嘉肴」、「羔裘逍遙」的優裕生活。這樣自然要引起農民的反感了。

農民的反感，最初表現爲不平之鳴，到了不能聊生時，便只有逃亡。詩碩鼠篇：「逝將去汝，適彼樂土」，便是明證。於是領主們，就採用超經濟的強制方法，以抑止農民的怨謗和逃亡。

農民因不堪領主的剝削和壓迫，就不斷發生叛亂，終至採用革命的手段，驅逐了暴虐的最大的土地所有者。左傳所載：「至于厲王，王心戾虐，萬民弗忍，居王於彘」，即可以說明農民叛亂的事實。

隨着封建經濟的發展、人口的繁殖及領主欲望的提高，引起大領主兼併小領主的鬥爭。

自平王東遷以後，所謂地方千里的天子——最大的領主，已降居普通領主之列，而受其他大領主的保護了。

擴大領土，是領主擴大其對農民剝削的根本條件。春秋戰國時代的諸侯，便是爲這個根本條件所驅策，而互相兼併，使得許多小領主沒落下去。周初約有八百國，到春秋末年，僅存四十國，到戰國時代，只剩下所謂「戰國七雄」了。

和領主間的兼併過程相並行，農民的統治區域也發生了變化。管子云：「制國五家爲軌，軌爲之長；十軌爲里，里有司；四里爲連，連爲之長；十連爲鄉，鄉有良人焉，以爲軍司」。這種組織是官僚的。官僚主要的公事，是向農民收取租稅並徵集農民的勞動，以厲行其超經濟的強制。因此發生了封建的官僚政治。

春秋時代以後，領主對於農民的剝削關係，在形式上稍有變化，而在程度上却比前加重了。管子所載，按民之所得，取其三之二爲地租。戰國時，孟子說：「有布縷之征，粟米之征，力役之征。君子用其一，緩其二，用其二則民有殍，用其三則父子離」。由這一點，可以知道戰國時勞役地租與現物地租之重了。

春秋時代以後，農業的生產力是比較發展了。農耕技術已由淺耕而進至深耕，並且土地的開墾也日見增多了。

到了戰國時代，商鞅的墾荒和李悝的盡地力，表現出這時的農耕方法更加進步了。農業生產力的發展，是由勞役地租轉變爲現物地租的條件。

隨着農業生產力的發展，領主對於農民的剝削，有加無已，使得人民不能生活下去。如孟子所載：「彼奪其農時，使　得耕耨，以養其父母，父母凍餓，兄弟妻子離散」。而同時領主的生活，却是「食必粱肉，衣必文繡」，「食前方丈，侍妾數百人」，極盡其奢華之能事，眞所謂「庖有肥肉，廐有肥馬，民有飢色，野有餓殍」了。這可以想見當時的農民生活狀況了。

以上關於中國典型的封建經濟，已經簡單的說過了。現在來說明中國變相的封建社會，即說明由秦漢至鴉片戰爭時期的經濟狀態。

秦自統一列國之後，把從前分散的封建的領有，集合爲一個統一的封建的領有，把土地的統治權集中於皇帝一人之手。這最高的統治者，沿襲封建的剝削，仍是履田抽稅，其稅額與從前的現物地租相同，有時還要超過，而勞役地租則採取徭役的名稱，完全由農民担負。

但是所謂新朝的皇帝，對於土地有絕對的支配權。如秦之「封君」，是由皇帝頒給大宗土地，靠收取地租以爲給養。漢朝有諸王及列侯，由皇帝分授一定的郡縣、侯領或食邑，從農民徵收地租以爲給養。同時封建的統治者，還留有一種籍田、公田和屯田（如漢），作爲自己經營農業之用。

這時，和土地的封建領有並行的，還有土地私有制的存在。隨着商品經濟的發展，土地變成了買賣的對象。本來土地的買賣，在春秋時代，已見端倪。到了戰國末年，土地的買賣，才比較的盛行。秦商鞅因秦國地廣人稀，田爲阡陌所束，農民所耕之地有限，而人力有所不盡；又因阡陌占地太大，多不能墾爲耕地，而地力有所不盡。兼之田地的歸授，不免有煩擾欺隱的弊端，國家不能完全收稅，所以他一旦盡開阡陌，除去從來的禁令，聽人民兼併買賣，以盡人力及地力，使人民有田即爲永業，不再由國家歸授，使地皆爲田，田皆有稅。于是豪強兼併之風盛行，演出了富者田連阡陌，貧者士無立錐的現象。

所謂土地私有制，就是這樣發生的。到了秦併六國統一天下之後，土地私有制已推行全中國了。

田連阡陌的大地主（富農、官僚、貴族、大商人），有的把他的土地出佃于無土地的農民，因而有佃農發生，佃農所繳納的地租非常奇重。如董仲舒所說，秦時小民「或耕豪民之田，見稅什伍」。有的地主，雇用農民去耕種，因而有雇農發生。如史記陳勝傳說：「勝少時常爲人傭耕」。此外還有自耕農。如史記說陳平「少時家貧，好讀書，有田三十畝，獨與兄伯居，伯常耕田」。

在秦代發生的這種土地私有制，到了漢朝更加穩定，以後二千餘年間都是繼續着這種制度。

這種土地的封建領有與土地私有制的並存，就是中國變相的封建經濟的特徵。

秦漢以後，歷代的土地關係，雖各有變化，如晉之限田制，魏唐宋之均田制，元之屯田制，明淸之官田與民田等，其租稅制度，雖有「租庸調」、「一條鞭」等之別，然其根本的生產關係，與封建制的生產關係是沒有差異的。所以我們說由秦漢至鴉片戰爭的時期，是變相的封建社會。

第二節　都市經濟之發展

一　都市之勃興

都市的發生

關于封建經濟的特徵，已就農村方面說過了。但是，在封建經濟時代，一方面有以自然經濟爲封建社會基礎的領地和農村，同時也有都市。在封建社會中，都市是手工業生產、商業及貨幣流通的發達的中心。商品生產、高利貸資本及其「雙生子」的商人資本等，都在這裏成長起來。都市中的行會制度，與農村的封建制度相適應。所以要全面的了解封建的經濟構造，就不能不說明都市經濟。

封建時代的都市，是採取各種途徑而發生的。其中有許多是由羅馬殖民地發生的，如法蘭西的麥茲（metz）、德意志的窩爾姆斯（Worms）、及奥格斯堡（Augisburg）等是。此外如哥羅尼亞（Cologne）、明士（montz）、巴塞爾（Basel）及斯特拉斯堡（strasburg），都是羅馬的軍營。所以都市在封建初期，盡了城寨的作用。都市是一種城寨，她成爲鄰近農民的避難所，這些農民，當敵人襲擊時，就逃入城市中去。爲了保護農民，在封建初期，就設立了許多都市。

此外，都市之發生，多由于市塲之開設。譬如在封建領主的城堡之下，因爲供給他們所需要的物品（武器、裝飾品、布帛等），便有商人及手工業者聞風而來，開設市塲，因而形成人口密集的都市。如在日本鎌倉、室町時代所創立的地方都市，即所謂城下街，便由此形成。普通新起的都市，都是沿着都市城壁外部所設立的市塲的附近建設的。但是，經過相當時間，市場就移入都市內部。都市與市場的這種緊密結合，使都市變成了市塲的中心。

最後，都市的一部分，是由農村公社變成的。封建領主，給與自己農村居民及在市場出賣商品的商人以許多特權，在自己農村中，建立市場，於是這種農村，就漸漸變成了都市。

封建都市的居民，大部分是非自由民出身，即多半是來自農村。「從中世的農奴中，形成最初的都市居民」。鄰近地方的農民，流入都市，工匠或商人，也移居於都市。因爲市民的耕地、園地、森林和牧場等，都散在于都市的周圍，所以都市最初的居民，與農村的關係，非常密切。

在封建時代，都市，一方面是市場，同時也是手工業生產的中心地。在封建領地中，普通工業品的需要，由農奴供給。在寺院中，農奴和僧侶共同從事於家內工業。但是，凡是需要一定熟練的工作，却要由工匠來操作。這種工匠，一部分是由封建的隸屬關係中解放出來的人，一部分是對自己主人支付租稅的農奴。這些手工業者，與移住都市而從事手工業的農民。一同形成都市的工業人口，都市變成手工業生產的中心地。

都市在封建時代的經濟生活上的作用

這種手工業生產，在相當程度上，都帶有局部的地方的性質。住在都市的手工業者，生產該都市及其附近居民所必需的一切生產物。因此，在各個都市中，手工業者之間，發生各部門中巨大的分工。經過相當期間，這種專門化，日益發展。譬如在都市建立的初期，裁縫一方面削剪絨毛，同時又製作男女服裝帽子和毛皮品，並從事刺繡。但到十四十五世紀，絨毛削剪者、男裁縫、女裁縫、製帽工人、皮匠及刺繡工人等，都成爲獨立的手工業者了。

手工業生產的一切部門，並非在各個都市中，都能夠發達。封建時代的各都市，特別使某種手工業部門發達起來，除了滿足自己地方市場的需要外，還有許多剩餘。在這種情形之下，各都市或都市集團，就變成手工業生產的大中心，並且那些生產物，超過該都市或地方的領域，而廣泛的普及於各處。例如在十三——十四世紀，最好的呢絨的製造，多集中於法蘭德斯的都市及德意志萊因河下流地方。因爲這些地方，在輸入品質良好的英國羊毛上，占較近的位置。

都市手工業者，一部分爲定購人而生產，而大部分是爲市場而生產。商業不論是零賣商業，或批賣商業，多集中於都市商人之手。然而，手工業生產之大中心地的都市，並不一定同時就是大商業都市。只有成爲商品運輸中心的都市，纔獲得偉大的商業意義。譬如德意志南部的都市，大部分是手工業中心地，而北部的都市，却是商業中心地。在意大利，佛羅稜斯主要是手工業都市，而威尼斯却是一個世界最大的商業都市。

都市與農村的對立

在封建經濟時代，都市與農村的對立，具有重大的意義。社會的分工之發展，因商品交換而實現，而這種分工的基礎，是都市與農村的分離。

『在中世紀，和在意大利所見的不同，如果在封建制度不因都市例外的發達而破壞的任何國家中，農村總是從政治上榨取都市；同時，都市也是到處無例外的用獨占格、租税制度、行會組織、直接的商人欺騙及高利貸等，從經濟上榨取農村』。

封建時代的都市，帶有許多封建的色彩。『都市的工業、其組織及與之相適應的所有形態，都多少帶着土地所有的性質』。

這就是説，封建時代的都市，在政治上隷屬於農村。但是，封建領主對於都市的支配，以及都市經濟勢力之成長與強固，就喚起市民脱離領主勢力的要求。因爲，在封建經濟初期，手工業與農業是完全結合的，隨着分工的發展與生產力的增大，在封建領主的領地中，漸漸發生了手工業與農業的分離。這種分離，使得手工業者不得不走進販賣市場。於是在這些市場的周圍，就形成了都市的中心地，手工業者在這里獲得了關於發展自己手工業的非常有利的條件。於是隨着手工業及商業的發展，在都市與封建領主之間引起了非常激烈的鬥爭，鬥爭的結果，使都市從封建領主的羈絆中解放出來。

市民對封建領主的鬥爭，在西歐繼續到數百年之久。參加和指導這種鬥爭的，是上層的市民。九世紀中葉，意大利的都市，首先開始與封建領主鬥爭。鬥爭的目的，是都市自治及農奴的解放。十三世紀，波羅格那（Bologna），解放農奴，使脱離主人的束縛。佛羅稜斯，打破了領主領地中的農奴狀態。一切意大利的都市，都規定出一種規則：凡農奴在都市中生活滿一年者，即取得獨立的地位。在反封建領主的鬥爭中，意大利的都市取得了勝利。

繼意大利而開始與封建領主鬥爭的，是法蘭西的南部都市，這些都市利用封建領主間的糾紛，從領主手中，獲得某種特許權。北部的都市，多從封建領主及國王手中，用貨幣購買自由。在法蘭西，在領主及僧正領地中，雖然發生了許多獲得政治獨立的公社（Commune）——都市，但其數目，比所謂特權都市的數目較少，雖然也得到若干特許，但對於自己的領主，仍然處在政治的隸屬狀態及領主裁判權之下。

在英吉利，因爲王權太強，都市未能獲得政治獨立。英吉利的都市，因爲支付高額租稅，由國王手中，獲得許多特權。或用貨幣力量，從封建伯爵手中，獲得允許一定特權的憲章。

德意志的都市，雖能由皇帝及世俗的和宗教的封建領主手中，獲得特權，但未曾得到政治的獨立。十三至十五世紀，在德意志發生了許多都市同盟。如斯瓦比西同盟（Schwabirche bund），萊因同盟（Rhein bund）及漢薩同盟（Hansa bund）等。其中有的在鞏固脫離封建領主的都市的獨立，有的是企圖保護自己的商業利益。

封建時代的西歐，許多都市獲得政治獨立之後，到了十五世紀，特殊的都市生活就繁榮起來了。從反封建領主的鬥爭中，生出了「中世紀的燦爛之花——自由都市」。

二　手工業行會

封建經濟時代工業的支配形態，是手工業。牠是中世紀都市生產的基礎。手工業之從農業經濟分出，含有工業與農業分離的意義。從生產者開始把用自己的原料造成的生產物賣給消費者的時候起，生產者就成了手工業者。

手工業者行會的封建性

上面說過，都市居民的分化，是很顯著的。都市的上層部分，富裕階層，用盡種種手段，避免外來的和手工業的侵入，以保護自己的利益，因而組成了各業的行會(guild)。加入行會的人，都接近於都市的豪族。經過相當期間，行會獲得了都市商業的獨占權、商業監督權及對於行會會員的裁判權。

手工業的技術，建立在手工勞動之上。簡單的勞動手段，只有緩慢的變化和改良。在手工業上盡主要作用的，是手工業者的勞動，這種勞動，需要長期的訓練和經驗。經過徒弟階段的手工業者，重複着由子傳孫的不變化的工作狀態。希望在店東下面變成夥計的徒弟，必須在工作的試驗上，表現出自己的熟練。

手工業者行會的組織，不僅反映着在農村中形成的諸關係，而且完全補足地方的諸關係。我們知道，在行會的內部，支配的生產，是伴隨着不發達的分工的小規模生產。在那裏，手的勞動，占在支配的地位。如上面所述，其工作形態，是保持着傳統的習慣而不變的。同時，在行會裏，又有如像店東、職工和徒弟等特殊階級制的身分構成。店東或手工業者，是自己工作場的封建的所有者。行會內勞動者的生產活動，爲封建的規則所限制，並且店東廣泛的利用超經濟的方法去剝削屬於自己的職工和徒弟。手工業者行會中所存在的諸關係，反映着封建的生產方法及其剝削形態所具有的基本標幟。

手工業者行會的任務

行會的基本任務，是調劑手工業的生產和買賣。行會考慮市場的收容力，首先規定投於市場的生產物數量。這是由於限制生產的人數才能達到的。行會爲了減少從事生產的人數，當加入行會時（即取得店東地位時），規定許多困難的條件。

第一個條件，是一定的出身。即只有在一定都市中獲得市民權，並且是自由民而出身合法者，才能加入行會。外國人、非自由民以及從事「下流職業」者的子孫，如亞麻工人、磨粉工人、牧羊人、更夫、理髮匠等的子孫，不得加入行會。換句話說，行會是不許農民及都市無產者子弟參加的。

第二個條件，是技術的性質。即在實際上須學習手藝，最初做徒弟，後來纔能升爲職工。徒弟學習的期間，因國家和職業而不同：在德意志與英吉利，是從一年到十二年。在前者，徒弟期間，平均是三年，在後者，平均是七年。徒弟學習完畢之後，必須經過職工的階段，纔能再升爲店東。但是到了十五世紀以後，又加上了一年至五年的游歷各國的義務。此外，職工想作店東，必須在行會指定的處所受工作試驗，證明自己的技術。這種試驗，在受試者方面，簡直是不容易踰越的障礙。

第三個條件，是繳納入會金。並且，凡作完試驗工作的人，還要設席宴請行會的店東和職工。此外，還需要許多財產上的資格。所有這些條件，限制新人加入行會，把行會弄成都市的閉鎖的身分制組織了。

行會不僅採用限制職工升爲店東的方法，同時還直接限制會員的人數。例如十五世紀漢堡的金工業店東，限制爲十二人；窩爾姆斯造酒人數目，限制爲四十四人。在這種情形之下，只有舊會員死亡時，纔能收容新會員。同樣，在一個作坊中作工的職工和徒弟的數目，也有相當限制。

行會由限制工人數目，進而限制生產手段和生產物。例如十三世紀的法國，規定一個作坊中所使用的織機的一定數目。有些地方，還規定店東所占有的原料；店東沒有收買大量原料之權，而原料常常由行會共同購買。行會規定休息日，規定最大限度的勞動時間，禁止夜工。並規定最大限度的職工的工資，以避免某店東藉增加工資以誘惑別家有才幹的職工。

行會對於商品的銷路，也加以很大的注意。牠一方面廢止輸入商品之競爭，他方面免除行會會員間之競爭。普通禁止都市以外的製造品的輸入。即使允許商品輸入都市內部，也必要在商品的販賣上，加上許多條件。而且普通允許輸入和販賣的商品，都是該都市所不能生產的東西。在都市郊外，外來者，在一哩或一哩以上之一定半徑的地方，不得販賣輸入的商品，這個名稱叫做「禁哩」。

行會對於會員販賣商品，也加以許多限制。任何人在都市中，不得有一個以上的店舖。按照行會的規定，決定行會會員販賣自己商品的最低價格。另一方面，對於食料品，就規定其最高價格。

在各都市的行會間，常常締結共同行爲的協定。例如十四世紀末葉，德國鐵匠行會，爲了與職工鬥爭，曾互相結成協定。

總之，封建時代，都市中的手工業者行會，包容着會員各方面的生活，施行統制。因此，手工業者的組織，得以鞏固起來；但在經濟發展過程中，隨着資本作用的增大，行會就開始沒落下去。

中國封建社會的手工業之發展

中國封建時代的手工業，最初也是與農業結合着的。詩大雅篇：「婦無公事，休其蠶織」；葛屨篇：「糾糾葛屨，可以履霜，摻摻女手，可以縫裳」。像這種農家的男耕女織，便是農工結合的明證。後來手工業漸漸和農業分離，在都市中發達起來，可是，在農村，兩者還是結合着。

以前手工業者多隸屬於領主的工作場，如管子所說：「昔聖人之處士也，使就閒燕，處工就官府，處商就市井」。所謂「處工就官府」，顯然是說手工業者隸屬於領主了。到了春秋時代，手工業者大都可以獨立營業了，但對於領主仍負有義務勞動，如穀梁所謂「農工皆有職以事其上」；周語所謂「庶人工商，各守其業，以共其上」，即是例證。

到了秦代，手工業者已脫離封建勢力而獨立，不過也有大商人購蓄奴僕以從事於手工業製造的。這時手工業的製品多成爲商品，手工技術已有相當進步了。

至於手工業行會，到宋朝纔大見發達。據繁勝錄所載，「京都有四百四十行」；吳月牧夢梁錄：「市肆謂之團行者，蓋因官府買賣而立此名，不以人物之大小，皆立爲團行。有名爲團者，有名爲行者，更有名爲市者」。可見當時行會組織已很有可觀了。

關於元代手工業狀況，以西人馬可波羅遊記之記載較詳，據云，杭州的手工業最發達，每種手工業有一千工作場，每一工場的人數爲十、十五至二十人，有多至四十人者。而手工業老板，是非常富裕，裝出紳士的態度。即此可見手工業發達之一斑。元後以迄於明，手工業均無多大發展。但在五口通商以前，中國手工業品輸出國外者甚多，由此可以窺知當時手工業發達的盛況。關於這一層，留待第四部中詳述。

三　商業的發達、商業資本與高利貸資本

封建的生產，是「小規模的個人生產。生產機關，只適於個人使用，因而是粗笨的微小的，只能獲得貧弱的效果。生產的目的，是爲了生產者本身或領主的直接消費，在消費以外，有剩餘生產物時，纔拿去出賣而交換；所以商品生產是很幼稚的，但是其中已經包含着社會生產的無政府狀態的萌芽了」。

商業發達的一般情況

隨着農業與手工業的分離、都市的發展、以及生產物交換的頻繁，商業首先在都市發達起來，其次便通過地方的市塲，而擴張於農村經濟之中。即「都市產業，一旦與農村產業分離時，前者的生產物，立刻變爲商品，在其販賣上，需要商業的媒介，這是當然的事情。在這種意義上，商業關繫於都市的發達，同時，商業又以都市的發達爲條件，這也是自明的事情」。

封建時代手工業生產的地方專門化，是各都市間及各國間商業發達的條件。在都市生活

中，商人開始盡其偉大的作用。不過封建時代的商人，還不能把某種商品的買賣專門化，他們只是買賣各種商品。他們所處理的流通手段，當時往往達到極大的金額。除商人以外，同時，寺院和當時發生的銀行及國王等，也經營商業。國王利用自己的權力，掌握某種商品的販賣獨占權。

隨着商業的發展，許多商品，都成爲封建時代的商業對象了。首先是穀物；其次如魚類、鹽、酒、皮革、蜜蠟、木材、樹膠、煤、銅、鐵、鉛、銀等，也是交易的對象。由英國輸出的羊毛，意大利法蘭西等地的呢絨和絲織品，以及威尼斯輸出的玻璃器等，都流通於歐洲各地。

活潑的商業，盛行於東方各國以及近東各國。歐洲商人，與近東各國相交易，他們在那裏，由阿拉伯人手中，購買東方各國的生產物。有名的十字軍運動，其目的便是爲了占領通達東方的商路，攫取其豐富的財源。歐洲的商人，希望用騎士的寶劍來實現自己的熱望。十字軍東征的結果，加強了對於東方的商業關係。

所有一切商業，都是爲封建社會的支配階級服役。商品購買者，特別是東方奢侈品的購買者，都是封建領主、寺院高僧及上層市民。

隨着手工業與商業的發展，漸漸感到有在各地方各產業部門之間樹立更鞏固更常久的結合之必要。於是在西歐，除普通市場外，還發生了無數帶着地方性或國際性的定期市場。商人們因爲攜帶商品旅行遠方的困難和危險，不得不在短期間內互相會合。從教會或都市的市場會合而發生的商業，就變成了定期市場的商業。

封建時代的商業交換，因爲定期市場的發生，就得到某種確定性。這種定期市場，在一定地點和一定時間舉行，變爲經濟生活的經常現象。重要的定期市場，在封建時代的歐洲，具有國際的性質。如十二世紀前半以來，香檳定期市場，就具有國際意義。來往此地的人，主要的是法蘭德斯及意大利的商人，此外是英吉利、法蘭西、德意志、斯干底納維亞、西班牙、薩瓦伊等地的商人。交易的商品，有呢絨、皮革、毛皮、布疋、香料、果實、蜜蠟、獸油、穀物、魚類、家畜、酒類、羊毛、馬、乳製品、麻、亞麻、鹽、金銀、鋼鐵、玻璃器、帽子、手套等。十三世紀之前，此地也買賣奴隸。此外，如熱那亞、不魯日、安多厄爾比、里昂、法蘭德斯、佛琅克佛爾特、蘇利士等，都是有國際的性質的市場。

俄國商業的發展，比較緩慢。在十三世紀以前，特別階級的商人，在俄羅斯都市中，尙未出現。商人同時就是地主。直到十四世紀左右，特別的商人階級，才開始形成。雖然各種人民階層，都經營商業，但是全體的商業。還沒有達到廣大的範圍。市場是到處都有，十一世紀，在基輔有八個市場，交換農產物、家畜、都市手工業品等。但是，地方的交換，並不顯著。規模稍大的，是在諾弗哥羅及北斯哥弗，那地方的大商人，是同他國交易的公爵和貴族。這種商業，是以公爵及其將士從居民所徵收的賦稅作基礎。諾弗哥羅，與西歐實行大規模的批發交易，向西歐輸出毛皮、烏拉銀、絲綢、脂肪、魚油、亞麻、大麻等物；對於東方各國，就通過保加利亞，而販賣奴隸。至於由外國輸入的商品，多半是王公貴族使用的奢侈品。

商人行會的出現及其作用

商人的行會，是商人實行結合的形態之一。我們所知道的，最初期的行會，是七世紀英吉利的商人行會，這是爲了互相扶助及法律上保護的目的而組成的。當國家權力衰弱而不能滿足社會需要時，私人就組織起來，有時能夠完成國家所不能完成的機能。因此，在西歐就發生了商業上的——商人的——行會。牠最初是商人攜帶商品赴他國定期市場時所形成的暫時的商人結合。旅程上協力之必要及共同防禦掠奪者之必要，更促進此種結合。在商業地域中，需要協定買賣價格及共同享受特權。於是商人就組成行會，從王權方面用貨幣購買商業上的特權。

商人行會，因其所圖謀的商業性質如何而各不相同。即一方面有因批發的對外貿易而發生的行會，同時還有結合各都市小賣商人的行會。有許多爲了在外國經營商業而加入行會的大商人，同時也加入自己地方的行會。批發商人，在自已故鄉都市中，是零賣商人。此外還有一種行商的行會，這種商人，來往各村和各都市，販賣外國商品，有時也販賣地方商品。一切商人，必須繳納一定現金，才能加入行會。行會有特權得使行會以外的商人，向行會繳納關税和罰金，並且藉此以吸收新會員。在英國，出賣自己生產物的地主和寺院，也常常加入行會。

以後，商人恐怕競爭，就阻礙新分子加入行會了。

商人行會，在都市生活中，盡了很大的作用。都市貴族，爲了在都市中盡其指導作用，而在行會形式之下團結起來，並藉以與手工業者行會相鬥爭。

商業資本與高利貸資本的發達

如上所述，隨着農業與手工業的分離及手工業的專門化，而商業便發達起來。隨着商業的發達，於是商業資本與高利貸資本就逐漸發揮牠們的機能。

商業在相當程度上，帶有媒介的性質。「所謂商業資本之獨立的發達與資本主義生產之發達成反比例，這個法則，在威尼斯人、熱那亞人及荷蘭人等所經營的居間商業的歷史上，很明顯的表現着。這種商業，不僅由於輸出本國生產物而獲利，更由於媒介落後的各社會生產物之交換，在商業上及其他經濟方面榨取雙方，而獲得主要利益。在這種情形之下，商業資本，是純粹的東西。而且和這種資本所媒介的兩極的生產部門相分離。只有這種事實，才是使商業資本得以成立的主要源泉」。

「商業資本，當牠站在壓倒的支配地位時，到處代表着掠奪制度，無論在新舊任何時代的商業民族中，這種資本的發達，必然與暴力的掠奪——海上強掠、奴隸壓迫與殖民地剝削——相關聯」。這就是說，封建時代的商業，並非是與直接的掠奪無關的。譬如意大利商人，在十字軍時代，曾經屢次掠奪東方各都市。漢薩商人，在北海和波羅的海，曾作過海賊事業。

在各都市中，貨幣經濟，隨著商業的發達而發達。但是，在封建時代的歐洲，貴金屬之貯藏，並不豐富，所以常常感到鑄幣的不足，因而引起金銀輸出的禁止，同時，減低鑄幣的價值。國王和封建領主，利用貨幣鑄造權，故意破壞鑄幣，減少鑄幣中貴金屬的分量。「種種不同的國民鑄幣一經存在時，在外國買貨的商人，需要兌換本國鑄幣爲當地鑄幣，反之亦然。或者把種種鑄幣，代替爲當作世界貨幣的未經鑄造的純金或純銀。由此發生改鑄事業。……匯兌業便是這樣成立的」。

隨着商業資本的發達，尤其是貨幣資本的發達，而以營利爲目的的高利貸資本，在封建時代的各都市中也發展起來了。「當作生利資本之特徵形態看的高利貸資本，與獨立經營的農民，小手工業的店東之小生產的優越性相適應」。在封建社會中，高利貸業者，不僅榨取手工業者和農民，主要的是榨取封建領主。高利貸業，當作一種資本的直接發生過程看，在歷史上是重要的。高利貸資本與商人財產，促進了不依存於土地占有的貨幣財產之形成。

總之，商業資本的發達，與封建經濟的發達，具有密切關係的。因爲生產物到商品的轉變，商品交換的發達，以及貨幣的種種機能的發達，都是商業資本存在的前提。商業資本，在土地所有者、都市生產者與農民之間，造出貨幣交換的環境。牠一面促使封建領主或土地所有者逐漸加重其對於農民的剝削而增加其財富與權力，一面又促速封建領主支配的崩潰，並引起農民自然經濟的分解。牠能够促進土地的自由買賣與豪強兼併，又能夠促使農民因受土地所有者過重的剝削與高利的負債而陷於沒落。所以封建經濟並不否定商業資本的發展，反而商業資本有破壞封建經濟的機能。

中國封建時代商業、商業資本及高利貸資本的發達

中國的商業，在西周時代，已相當發達。如書經酒誥篇：「肇遷車牛，遠服賈，用孝養厥父母」；易云：「近利市三倍」。可見當時的商業，已很有利可圖了。

到了春秋戰國時代，商業發達起來，商品市場也擴大了。封建領主對於商業設關卡，從商人徵收關卡稅。當時孟子就反對這種稅收，他說：「古之爲關也，將以禦暴，今之爲關也，將以爲暴」。所以他給領主上條陳，主張「市廛而不征，關機而不征」，以爲招致商人的條件。

這時，商業資本與高利貸資本，也發達起來了。史記貨殖傳所載「范蠡以陶爲天下之中

，諸侯四通，貨物所交易，乃治產積居與時還，十年之中，三致千金」。商業資本之膨脹，可以想見。

當時，領主兼營貸借事業，如莊子外物篇：「莊周家貧，故往貸粟於監河侯……將貸子三百金」，又史記孟嘗君傳所載，孟嘗君「使人出錢於薛，歲餘不入，貸錢者皆不能與其息」。「馮驩至薛，召取孟嘗君錢者皆會，得息錢十萬」。於此可見高利貸盤剝之甚。

到了秦代，商業的發展已擴張於全國，商人的勢力極大。例如巴蜀寡婦清，以一富商婦而邀始皇爲之建「女懷淸台」。呂布韋以一富商而爲竊國之大盜。商人勢力之大，可見一斑。

漢興，休養數十年之後，天下富庶，商業大見發展。商人兼爲地主，兼併農民，有參與政權之機會，勢力甚大。晁錯有云：「商賈……忘農夫之苦，有阡陌之得，因得富厚，交通王侯，力過吏勢，以利相傾，千里遨遊，冠蓋往來，乘堅策肥，履絲曳縞，此商人所以兼併農民，農民所以流亡也」。

土地所有者的國家，雖實行重農主義，而對於充實國庫與取得貨幣的要求，不能不獎勵通商。如漢武帝之以兵力四向（尤其對於西域諸國）開闢商路，即是一例。所以中國對外貿易的歷史，在漢時已開其端了。至於唐代，更與中亞細亞的突厥（土爾其）、阿拉伯、波斯、印度、朝鮮和日本等結成通商關係。到了宋代，因船舶製造的進步，而對外貿易（西方與東方）就趨重於海路了。元代領土跨歐亞二洲，陸海二路的對外貿易均甚發達。元朝末年，戰亂頻仍，陸路對外貿易停頓，海路亦然，雖因鄭和之打開南洋商路，却因海寇猖狂，無大發展。是爲閉關主義時代。往後，印度航路發現，才開始了對西方的貿易。

清代對外貿易，在五口通商以前，已經非常發達。關於這一層，留待第四部中詳述。

第三節　封建經濟的崩潰

一　西歐十六十七世紀的農村經濟

商業資本對於農村經濟的腐蝕作用

封建經濟構造的根本矛盾，是封建地主與農民之間的矛盾，即大土地所有者與小生產者之間的矛盾。由於這個矛盾，封建社會的生產力就能够逐漸的發展起來（因爲封建制能刺激直接生產者提高其勞動生產性）。

封建的生產力之發展，在農業與手工業的分工過程中體現出來。由於農業與手工業的分工，就引起農村與都市的分離和對立，引起商品——貨幣關係的發達，因而引起商業資本的成長。隨着商業資本的成長，封建的經濟構造就開始解體，而資本主義的生產方法就開始孕成。因爲封建時代的商業資本，依存於封建的生產方法而發揮其寄生蟲的破壞的機能；同時，牠又是資本之原始的蓄積形態，是資本主義生產方法的前提。

現在先來說明商業資本破壞農村經濟的過程。

商業經濟發展的結果，在農村方面所引起的大變化，首先是農產物的商品化，引起自然的農業轉變爲商品的農業。農產物的商品化，從中世紀末葉以來，已經顯著，到了十五十六世紀，由於商品市場的擴大，更加強了這個過程。農村的生產，不但爲了自己的需要，而且爲了市場的需要。這時的商業資本，只把農產物當作商品買賣，希圖取得利潤，而對於農業生產及技術的改良是不注意的。所以商業資本只是消極的破壞農村經濟，使農民受牠所統治。

商業經濟的發展，在農村方面所引起的第二個大變化，就是土地關係的變革，使農民離開土地而轉變爲無產大衆。英國在十五世紀最後三十餘年中，已開始了農業的革命。帶有布爾喬亞性的地主，用強力霸佔農民的土地，把耕地改爲牧羊場。因爲供作毛織原料之用的羊毛，銷路廣闊而價格也高出於其他農產物，所以英國地主利用國會的勢力，通過了許多圈地法，實行把農民從土地上驅逐出去。這個圈地的過程，發展很快，在十六世紀之時，英國三分之二以上的土地，全落到地主手中了。這不僅限於英國，其他歐洲大陸各國，也是這樣。如法國的農村經濟的衰落，在十四世紀已經開始，尤其是「黑瘟疫」以後，農民的土地大見減少，地租和賦稅的增加，使農民沒有謀得生活的餘地。到十五六世紀之時，農民的土地飢荒，更加嚴重。隨着農民土地的減少，而地主、教會和國王的土地却增加起來。在德國也有同樣情形，地主用強權掠奪農民的土地，農民更因領主的橫征暴斂以及戰禍瘟疫等，陷於破產的境地。歐洲各國的舊土地關係的破壞與新土地關係的形成，是因商品經濟而引起的，同時這種新土地關係，又適應於資本主義的生產方法，給農業資本主義造出前提條件。

農民生活的惡化

失掉了土地的農民，生活的悲慘，不能用言語形容。他們提妻挈子，離鄉背井，流離失所而形成爲流浪的無產者的集團，變爲乞丐或盜賊。而同時地主布爾喬亞的國家，對於這流浪的無產者羣，又用盡了慘無人道的方法來毒殺他們。如英國的政府，在一五三〇年曾頒布這樣的法律：「老幼的及不能勞動的人，可以有權求乞，至於強壯的遊民，應受鞭撻及監禁的處分，而把他們綁在押車上，打得他們鮮血奔流。那時他們應該發誓回到故鄉或三年前所住的地方去工作」。一五三六年，又規定下述的刑罰：二次犯遊民罪的，鞭打並割去半身，第三次當作重犯及社會的敵人而處死。這些法律，不比恢復農民田莊等法律那樣，而是極端殘酷的被執行過。在亨利第八統治之下，曾殺過七萬二千的大小竊賊，每年差不多有二千人。當時歐洲農民生活的悲慘，於此可見一斑了。

農村人口的階級分化

在經濟狀態轉變的情況之下，農業方面的人口就發生了階級的分化。封建的地主。或是沒落，或者轉變爲資本主義的地主；農民的富裕階層，因取得土地而轉變爲新式的農業資本家；失掉土地的盈千累萬的農民，轉變爲流浪的無產者。

土地的圈圍，震撼了舊來的封建秩序，而生出了新式的地主。他們同市場有緊密的關係，在新原理上經營農業。他們以人工肥料和灌溉的形態，投資於土地。用益稅和賦稅——這些舊的封建的農民剝削形態，對於他們是無益的。因爲不自由的勞動，其生產性較低，與其使用隸屬農民的無償勞動，不如對於雇農給以少許工資，反較爲有利。這種雇農的工資勞動之代替賦役和用益稅，就含有封建關係被資本主義關係所驅逐的意思。

農業生產物的買賣之發展，加深並促進貧富的農民的階級分化。富農收買貧窮的同村人的土地，租借地主的土地，剝削無土地的農民的勞動。因此，助長了勤勞農民大衆之進一步的急激的沒落。

喪失土地的農民的一部分，變成雇農，一部分投身於工業，尤其是手工業工場，一部分變爲兵士，而其大部分，都陷於失業狀態。最後的部分，變爲垂死的流浪者、乞丐，有時變爲盜賊。政府使用嚴刑，以防止流浪者的增加。

於是，「依賴市場的經濟體制，已經變化了。……商品經濟的侵入，使各戶的財富隸屬於市場，於是由市場的動搖而形成不平等，並使之尖銳化，把自由的貨幣，集中在一方之手，而使他方沒落。這些貨幣，自然是用去剝削無產者，而變爲資本。……最後，使農民完全拋棄了自己的土地，他們已經不能販賣自己的勞動生產物，只能出賣勞動力了」。這就是說，農民中階級分化的結果，生出許多無土地的人們，他們對於成長中的工業，供給勞動力。

農民的暴動

農村人口的階級分化的結果，經濟力較強的農民，變成了農村資本主義要素的富農層，用貨幣買取以前向封建地主繳納的封建賦役，而獲得自由。沒落的農民，却呻吟於封建地主、商人及農村富農分子的三重壓迫之下，因此就常常發生農民的動亂。

本來，這時資本主義的生產方法，已經在封建主義的胎內開始形成並往前發展了，但是，資本主義支配之決定的確認，由於封建主義的生產關係的否定纔能實現。在這種否定上盡決定任務的，是農民革命。在十四世紀到十六世紀之間，農民運動與戰爭，擴張到全歐洲各國。十四世紀下半期，農民暴動於法國和英國；十五世紀，農民暴動於捷克；十六世紀，農民暴動於德國。

所有這些叛亂，都帶着自然發生的無組織的性質，所以結果是農民失敗了。農民鬥爭的主要目的，是在於脫離資產階級和地主的剝削和掠奪，打破農奴制度的秩序，收回已被奪去的生產手段。雖然他們主觀上是爲了脫離農奴制的束縛及獲得小生產發展的自由而鬥爭，但是，客觀上，却盡了非常高度的革命任務。因爲農民階級排除了死滅中的封建的生產方法，開闢了商品——資本主義諸關係的發展的道路。農奴革命，清算了農奴所有者，消滅了農奴的剝削形態，引出資本主義的榨取，以代替封建的榨取。

中國封建社會的暴動，在西周時代，就已經發生了。論語所載：「厲王得衞巫使監謗者，監謗後三年，乃流王於彘」。足見當時農民暴動的高漲了。秦漢以後，歷代都有不斷的農民暴動發生，舉其大者，有西漢末年「赤眉」之亂，東漢末「黃巾賊」之亂，唐代末葉「黃巢」之亂及明末「張李」之亂等等。並且農民運動中之狡黠者，常利用農民的力量，以達其爭奪天下之野心。如漢之劉邦，卽其顯例。

二　家內工業與工場手工業的勃興

商品市場急劇的擴大與商業資本迅速增加的結果，在都市方面發生的重大的影響，是行會制度的瓦解，家內工業及工場手工業的勃興，以及階級的從新改編。

十六世紀時，商品貨幣關係的發展，逐漸擴大和進步，破壞了自然經濟。而店東與徒弟之間的矛盾，隨着手工工場的擴大及店東財富的增加而激化了。

行會的階級分化

因爲商業資本對於手工業店東的壓迫加強，而店東就不得不加強對於職工和徒弟的壓迫，藉以解脫自身的困難。譬如，以前主人免費供給職工以衣食住，現在也要錢了。休息日減少，勞動時間越發延長，平均達十五六小時。另一方面，因爲職工和徒弟的增大，店東們不能不設法限制職工升爲店東，並不許獨立開設作坊；對於徒弟學習的年限，盡量延長，由三年到五年，甚至由八九年到十二年。這樣的職工和徒弟，已帶有近代雇傭勞動者和青年勞動者的性質，他們也在脫離生產手段的狀態中。

行會轉變爲純粹店東的同盟。於是職工和徒弟就不得不組織自己的同盟，以與行會相鬥爭。例如十五十六世紀。職工同盟，廣泛的普及於全歐。這不僅在一國都市中有這種組織，即在各都市的同一部門的職工之間，都發生了統一幾個地方的職工會的同盟。如在法蘭西，各種手工業職工之間，發生了緊密的聯繫。

但是，結果職工和徒弟終於沒落下去，他們失去了變成獨立的店東以開設自己的工作場的可能性，他們轉化爲被剝奪了生產手段及生活資料的無產者。

手工業者對於商人的隸屬

※　由於商品市場的急劇的擴大，封建的行會制手工業的商品，不能應付市場的需要了。於是行會的生產，不能不逐漸廢弛行會的制度，而設法擴大生產的規模。爲要擴大生產的規模，就要增加勞動力與生產手段。增加勞動力的方法，只有不顧舊日的限制，多收學徒，多雇幫工。增加生產手段的方法，大都是仰賴於商業資本家供給金錢或原料。照這樣，行會制度就起了解體的作用，而商業資本家就侵入於手工業生產的領域，更進而統治手工業了。

然而行會制的商品生產，無論如何，仍舊不能滿足國際市場的莫大的需要，所以又引起商業資本侵入於農村的手工業的領域。商業資本侵入農村手工業的結果，便是農村中家內工業的組織。商業資本家剝削家內手工業，比較有利而且容易。因爲家內手工業者分散而沒有組織，不像城市的行會能夠和商業資本家相頡抗。所以商業資本更容易的統制家內工業而得到莫大的成功，並使家內手工業向前發展，而給城市手工業以巨大的打擊。

家內工業的成長

行會之進一步的衰微，是與家內工業的發展相結合的。家內工業發生於農村，牠是農民的副業。農民使用家屬的勞力，在自已家裏，生產許多的物品，如布疋、粗呢和革具等物，遇有剩餘物時，纔拿到市場出賣。但是在出賣自己的商品一點上，家內工業者比較都市的手工業更加困難。正因爲這個理由，就出現了一種居間人——普通是農村的富農。居間商人，把家內生產物，轉賣於遠方的廣泛的市場。最初，商人只購買製成的物品；後來，更開始供給家內工業者所使用的原料。結果，一切原料，都由居間人分配於家內工業者，而家內工業者，再把這些材料，加工製造。在這種情形之下，家內工業者，就完全變成居間商人的俘虜。

爲居間人而經營的家內工業，隨着行會勢力的削弱，就達到都市。都市的閒散工人，和農村的家內工業者一樣，完全隸屬於商人。他們在別的主人之下取得工作時，需要居間人的保證書。只要以前的主人不表示滿意，任何人都沒有給他工作的權利。家內工業者。如果稍微忤犯商人時，必然要失掉工作。

這樣，特別形態的資本主義的家內工業，就漸漸形成了。按照這種制度，勞動者從資本家的企業者手裏領得一切材料，而以一定價格提供製品。於是家內工業者，就由小經營主。一變而爲資本家企業主的工資勞動者了。

工場手工業的出現

在家內工業中，隨着分工的發展，各個手工業者，不能生產全部商品，只能製造其一部分。例如在製造鐘錶上，一個手工業者在家裏製造發條，另一個手工業者製擺，第三個手工業者製文字板，第四個手工業者製造框子，把這各部分結合起來，才成爲一個出賣於市場的商品。此時製造各部分零件的一切小經營者，都是給一個主人——資本家作工。

家內工業達到這種發展階段時，就轉化爲資本主義的工場手工業了。在工場手工業的生產上，資本家用一定的工資，雇用數十個或數百個勞動者。這些勞動者，使用資本家的工具和材料，去作某一部分的工作。在這種情形之下，工作都是用手操作的。

手工業者和家內工業者，是出賣自己小工作坊的製品於需要者或居間人的小經營主。工場手工業的勞動者，是出賣自己的勞動力於資本家的無產者。在工場手工業時代，商人就轉化爲資本家的工業者及企業主。

除了分散的工場手工業外，還有集中的工場手工業。資本家把分散在個個小屋的勞動者合在一個工作場，供給他們勞動工具和原料。協業的勞動，提高了勞動者的勞動生產性。而在企業主及其雇用人的直接監督之下作工，更能够提高勞動生產性。

在資本主義的工業形態的發展上，工場手工業，是構成手工業及具有原始資本形態的小商品生產與機械的大工業（工場）的中間的一環，這一點含有重要的意義。工場手工業，接近於小營業，因而牠的基礎仍然是手工的技術；所以大經營不能徹底的驅逐小經營，不能使營業者完全脫離農業。隨着大市場的發生、使用工資勞動者的大經營的發生、大資本的出現、機器的發明及利用，手工業工場纔轉化爲近代的機械工場。

如上所述，我們知道，生產的增大，在都市和農村，都引起了自然經濟的崩潰，加強商業的意義和範圍，助長都市的發展。同時，商業的發展，反而成爲生產增大的刺激。結果，封建的手工業——行會工業崩潰，手工業者隸屬於商人，大部分都沒落下去，被驅入手工業工場。資本主義的工業，在封建經濟的母體內成熟了。

單純商品經濟與資本主義商品經濟

在考察封建經濟的崩潰過程時，我們看到怎樣由農民與手工業者的小商品生產轉化爲資本主義的生產。在資本主義生產和牠所繼承的單純商品經濟之間，具有許多不同之點。在單純商品經濟方面，生產手段屬於生產者自己，因而生產者就是他自己所生產的商品的主人。例如手工業者的鞋匠，自己有器具、釘子和麻線，自己買皮革等等來做。他所製造的鞋子，在定貨人沒有給完鞋價以前，鞋子是他的。他的目的，在於把製造出來的鞋子，交換那滿足他的慾望所必需的各種資料。當然賣鞋得來的錢，是一部分拿去買新的器具與材料等等的。他爲了滿足自己的需要，仍要繼續的生產。

在資本主義經濟方面，情形就完全不同了。資本主義的特徵，不僅是人們爲了在市場交換而生產商品的一個事實，並且生產商品的直接勞動者。被剝奪了生產手段。這些東西，完全歸資本家所有，那自己不能使用自己勞動力的勞動者，爲了不餓死起見，不能不出賣勞動力於資本家。這時，勞動力也變成商品了。這個事實，正是商品資本主義的根本特徵。勞動者在資本的企業中受榨取，勤苦的生產生產物——商品，然而牠已經不歸生產者的勞動者所有，而是歸雇用他的「主人」——資本家所有了。

資本家把勞動者所生產的商品，拿在市場去賣，他並不是爲了維持自己的生活（像在單純商品經濟上，商品生產者的行動一樣），而是爲了獲得利潤。

以上所述，便是單純商品經濟與資本主義經濟之間最根本的不同之點。但是，除了這些重要的差別以外，單純商品經濟與資本主義經濟還有一個共同點，就是他們都以生產手段的私有權爲基礎。

單純商品經濟，是資本主義經濟的萌芽，「小生產不斷的、天天的、時時刻刻的、盲目的、並且大規模的產生資本主義與布爾喬亞」。

按照小商品生產在生產過程中的作用，牠的性質是二重的：一方面，他爲大資本家——工廠主、商人、高利貸者、封建地主所剝削；另一方面，他却是生產手段的私有者，並且力圖追隨着資本家的後塵。

小商品生產，因其散漫性，不能形成獨立的作用，更因其二重性，而動搖於布爾喬亞與普羅列達里亞之間。目前在資本主義國家，尙存有幾千百萬的小商品生產者，即在現代社會崩潰以後，他們還可以在相當期間殘留着。所以理解了小商品生產的二重性，担負建設新社會使命的階級，就可以引導他們去參加新社會的建設。

單純商品經濟，在歷史上是先於資本主義而發生的，而且是資本主義發生的先决條件，所以我們在研究商品——資本主義的時候，必須從單純商品經濟開始。

習題四

一、試說明封建的經濟構造之基本特徵
二、試說明封建制與奴隸制的區別
三、試說明封建經濟與資本主義經濟的區別
四、試說明勞役地租、現物地租與貨幣地租的區別及其歷史的關聯
五、封建制與農奴制是不是同一物？
六、何謂「亞細亞的生產方法」？
七、封建時代的都市發生的過程如何？
八、都市在封建經濟生活中的作用如何？

九、手工業行會是怎樣成立的？牠在封建經濟生活中的作用如何。

一〇、商業資本在封建經濟生活中的作用如何？

一一、高利貸資本在封建經濟生活中的作用如何？

一二、封建末期農民生活的狀況如何？

一三、封建的土地關係之變化與農村人口之分化，有何關聯？

一四、封建末期手工業行會制何以瓦解？

一五、工場手工業的性質如何？牠如何發生？

一六、試說明單純商品經濟與資本主義商品經濟之區別